LE FILOU NE POURRA PAS FILER !

57 rue Gaston Tessier - 75019 Paris

ISBN : 978-2-3780-311-0
Code MDS : SL13110
N° d'édition : 24L0647
Dépôt légal : juin 2024 - Tirage n°1
Loi 49-956 du 16 juillet 1949 sur les publications destinées
à la jeunesse, modifiée par la loi n° 2011-525 du 17 mai 2011.

Achevé d'imprimer en mai 2024 par Graphycems en Espagne

C'EST LE LECTEUR QUI MÈNE L'ENQUÊTE

LE FILOU NE POURRA PAS FILER !

Un livre réalisé en
PRONTOCOLOR©

SALTIMBANQUE
ÉDITIONS

BUREAU DE VÉRIFICATION DES ENQUÊTES
AFFAIRES
CLASSÉES
12:47
SEKY KIMSSON

BUREAU DE VÉRIFICATION DES ENQUÊTES

AFFAIRES EN COURS

- Fous rires aux petits-fours
- Qui donc ne pouvait plus voir les dinos en peinture ?
- Faim de l'histoire !
- Un coup pas franc !
- Frasques sur la fresque !
- Plus ça va, moins ça voix !
- L'éléphant joue à casse-casse !
- Douche louche
- Tour de passe-passe pendant le tour de chant
- Un jeu qui ne fait pas de cadeaux !

- Le carnet de l'enquêteur

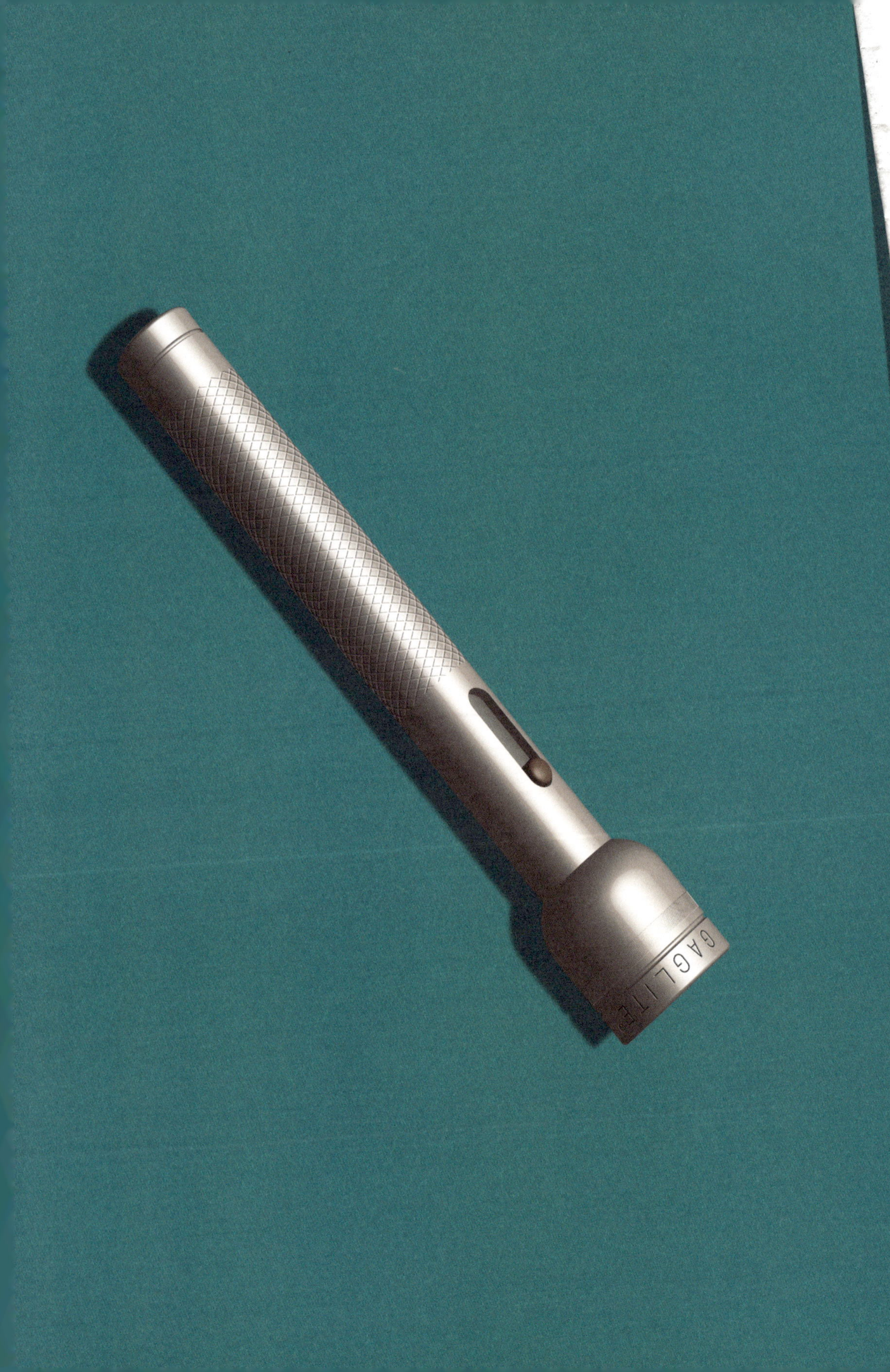
GAGLITE

FOUS RIRES AUX PETITS-FOURS

Alors que la Compagnies des Voyages en Train offrait un apéritif pour inaugurer sa nouvelle ligne entre Viens-sur-Méjenout et Illafet-sous-Luit, un des voyageurs s'est subitement étouffé de rire. Tout a été tenté pour le calmer, de la lecture de *Sans famille* de Hector Malot à l'écoute de *Ne me quitte pas* de Jacques Brel, mais sans aucun résusat. D'après nos premières informations, la victime s'appelle Icare Buralaud et serait toujours entre la vie et la mort. Quel que soit le mobile de ce crime affreux, il semble que la piste privilégiée par la police soit les petits-fours servis à ce moment-là. En effet, des traces de poil à gratter ont été retrouvées dans la crème de l'un d'eux. Le coupable de cette affaire se trouve obligatoirement parmi les voyageurs présents dans le wagon au moment des faits. Les indices qu'il a laissés permettront à l'enquête d'aboutir rapidement à son arrestation.

Une voitu
cute ses t

Alors qu'il était
toilettes, une v
contrôle est v
le mur de sa sa
La voiture éta
dizaine de mèt
tout en haut d
ont soudainem
ture a dévalé l
avant de finir
les toilettes d
La voiture ap
preneur,
Tonchar qu
chantier à c
mètres de l

Les e
tres a
un a

Après q
pée pa
rites
noven
tant d
dit la
extra
Judas
inqu
son
priv
d'a
en
d'a
"Je
e
q

Photo de la reconstitution

Aude ÉMARAGE
45 ans
1,75 m
Esthéticienne
12 rue Emma Quillage
TOURS
1
Paul-Yves HALANT
51 ans
1,73 m
Fleuriste
16 rue Durand-Potage
STRASBOURG
2
Nick OTINE
55 ans
1,74 m
Boucher-charcutier
11 rue Éros Biffe
MENTON
3
Henri CANANT
46 ans
1,77 m
Bouquiniste
9 rue Ella Legoncourt
NANTES
4
Thérèse PLANDISSANTE
38 ans
1,72 m
Secrétaire
7 rue Emma Toudit
ORLÉANS
5
Oussama FAIMAL
57 ans
1,80 m
Maçon
14 rue Mémé Zonneuve
AVIGNON
6

Nordine MOUK
43 ans
1,68 m
Vitrier
15 rue Émile Morceaux
BOURGES
7
Paul EMPLOI
59 ans
1,79 m
Photographe
17 rue Papa Razzi
BIARRITZ
8
Ramos ALAPLAYA
39 ans
1,71 m
Danseur
8 rue Aymé Voumozart
NANCY
9
Sarah LONJUNMAX
36 ans
1,60 m
Agent immobilier
10 rue Alain Payé
BREST
10
Aimé SOUHALORS
55 ans
1,65 m
Cuisinier
18 Jaimie Dupimant
ROUEN
11
LES SUSPECTS

INDICE 1

Lors de la perquisition, ces fragments de billets déchirés ont été retrouvés dans la poubelle du wagon-restaurant. Pour la plupart, ce sont des morceaux de celui acheté par Icare Buralaud pour son voyage. Cependant, certains n'en font pas partie. Trouve-les et note les chiffres correspondants. Additionne-les pour obtenir le numéro de la rue où habite un innocent.

INDICE 2

Ces bouteilles de grands vins ont été retrouvées entamées dans le wagon-restaurant. Classe-les de la moins remplie à celle qui l'est le plus et note dans ce même ordre les lettres rouges qui figurent sur chaque étiquette. Le mot obtenu te permettra d'innocenter un autre suspect.

INDICE 3

Plusieurs témoins oculaires ont vu le coupable quitter le wagon en courant.
Leurs dépositions sont tellement contradictoires que le portrait-robot établi a été réalisé à l'envers... Un seul suspect n'a aucun point commun avec celui-ci. Il est innocent.

INDICE 4

La scène de crime a été passée au peigne fin. Une fois les particules analysées au microscope, relie chacune d'entre elles à un suspect. Celui qui n'a laissé aucune trace est donc innocent.

INDICE 5

Voici les comptes rendus des interrogatoires. Certains suspects ne semblent pas dire toute la vérité. Analyse dans l'ordre les déclarations présentes à droite et détermine le vrai du faux.
Pars de la fenêtre du milieu, celle au-dessus du logo du wagon et suis les indications suivantes :

- Si un suspect dit toute la vérité, déplace-toi de 3 fenêtres à gauche de ta position.
- Si un suspect ne dit que des mensonges, déplace-toi de 3 fenêtres à droite.
- Si un suspect dit la vérité puis un mensonge, déplace-toi de 2 fenêtres à gauche.
- Si un suspect dit un mensonge puis la vérité, déplace-toi de 2 fenêtres à droite.

Tu arriveras alors à la fenêtre où se trouve un suspect que tu pourras innocenter.

Henri Canant : *« J'aime les livres et je suis imberbe. »*
Paul-Yves Halant : *« J'habite au bord de la mer et je déteste les fleurs. »*
Oussama Faimal : *« J'ai de longs cheveux blonds et je ne suis pas le plus vieux. »*
Aude Émarage : *« Je ne suis pas la plus petite et je travaille principalement avec des femmes. »*
Aimé Souhalors : *« J'aime préparer à manger et j'habite loin de la Côte d'Azur. »*
Ramos Alaplaya : *« Je ne suis pas le plus vieux et je n'ai pas le sens du rythme. »*
Nordine Mouk : *« Je suis le plus grand et je sais couper le verre. »*
Nick Otine : *« J'ai perdu une bonne partie de mes cheveux et je suis végétarien. »*

INDICE 6

Le coupable a été aperçu alors qu'il fuyait la gare en courant. À partir des informations fournies par les témoins, trouve la rue où se cache le malfaiteur. Son nom te fournira un indice pour innocenter le suspect. Pars du rond rouge et prends la rue Fifi Xateur en face puis tourne à la 3e rue à droite, la 1re à gauche, la 1re à droite, la 1re à droite. Ensuite, prends la 3e à gauche, la 1re à droite et encore la 1re à droite puis la 2e à gauche. Tourne alors à la 1re à droite, la 3e à droite, la 1re à gauche et enfin la 1re à gauche. Tu es arrivé.

INDICE 7

Voici les petits-fours servis pendant le cocktail. Combien de saveurs différentes se trouvent sur la table ? Ce nombre est identique au numéro de la rue où habite un autre innocent.

INDICE 8

Le wagon où se trouvaient les suspects a été perquisitionné et quelques valises douteuses ont été fouillées. Détermine quel objet est à la fois présent dans la valise **1** et dans la valise **2** mais sans qu'il soit dans la valise **3**, ni dans la valise **4** et que l'on retrouve aussi dans la valise **5.** Cet indice te permettra de disculper un suspect.

INDICE 9

Grâce aux dépositions des chauffeurs de taxi, il est possible de connaître les horaires précis d'arrivée et de départ de chacun d'entre eux.
Détermine à quelle heure est arrivé le taxi bleu. Tu trouveras alors le nombre des minutes correspondant à l'âge d'un innocent.

- Le taxi jaune est arrivé à 12 h 31. Il est resté garé 13 minutes.
- Le taxi vert s'est arrêté 8 minutes et il est reparti 12 minutes après le départ du taxi jaune.
- Le taxi rouge a stationné pendant 11 minutes et il s'en est allé 7 minutes avant que le taxi vert n'arrive.
- Le taxi orange est resté arrêté 4 minutes et il n'est reparti que 13 minutes après que le taxi rouge soit arrivé.
- Le taxi bleu s'est arrêté 5 minutes et il a reredémarré 2 minutes avant le taxi orange.

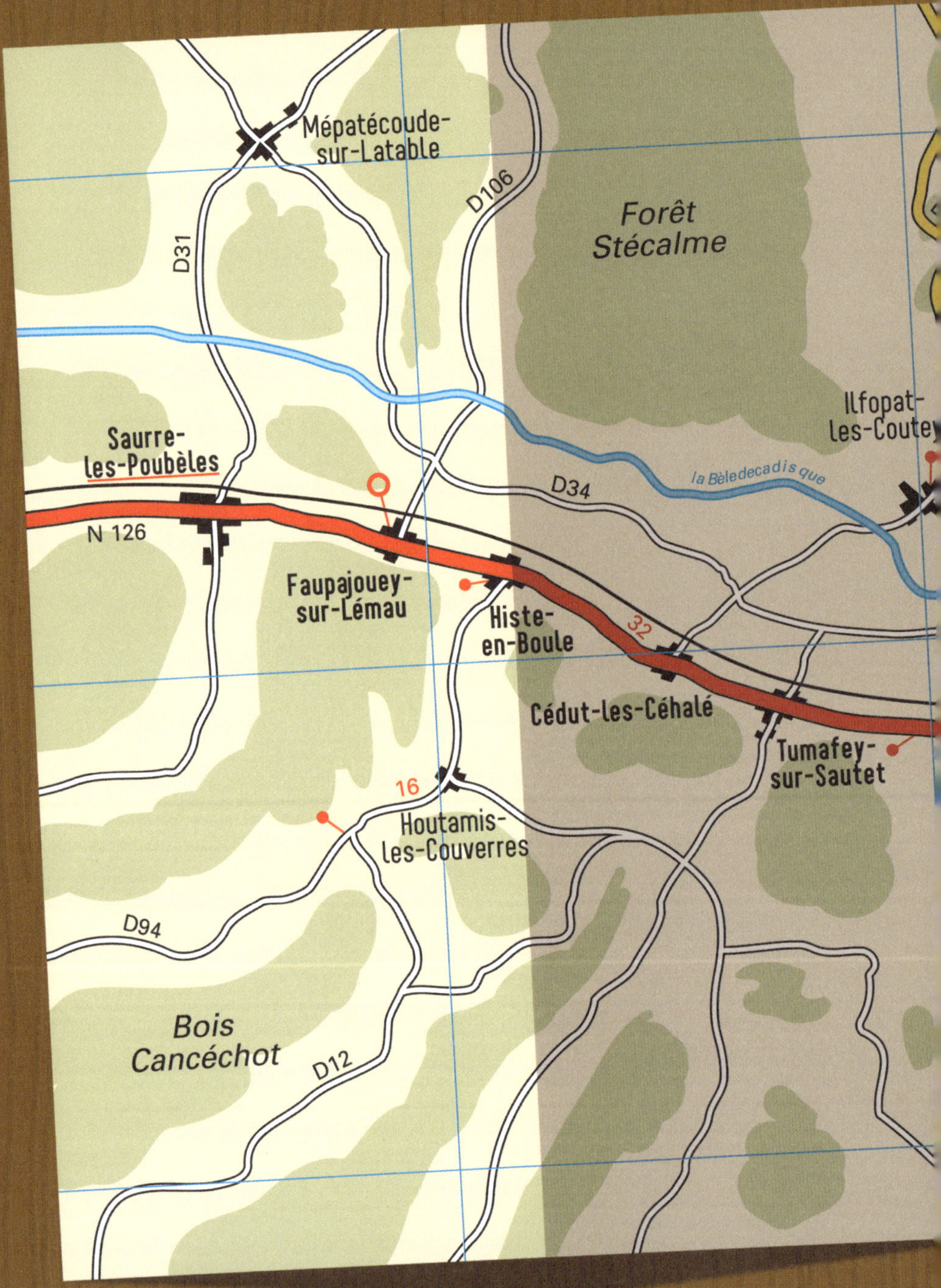

INDICE 10

Cette carte montre toutes les villes que le train a traversées entre *Saurre-les-Poubèles* et *Illé-sur-Douet* lors de son trajet. Grâce aux instructions, retrouve la ville où il n'a fait aucune halte. Son nom commence par la même lettre que le nom de famille d'un innocent.

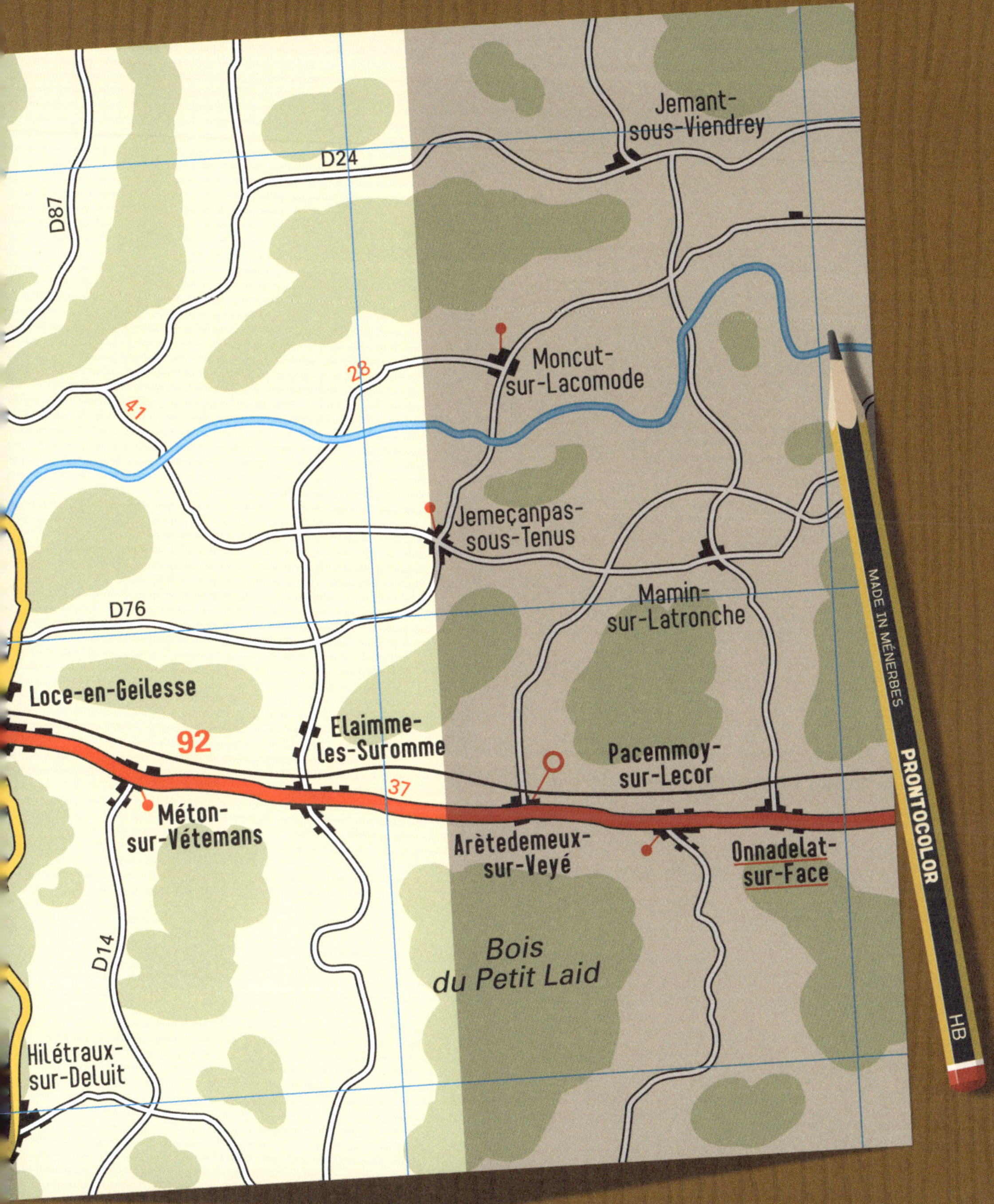

1. Qu'elle est la ville comportant le plus de voyelles ?
2. Quelle ville possède sa 3e lettre identique à la ville n°1 ?
3. Quelle ville possède le même nombre de lettres que la ville n°2 ?
4. Quelle ville possède le même nombre de voyelles que la ville n°3 ?
5. Enfin, qu'elle est la ville ayant le même nombre de lettres que la ville n°4 et qui est celle où le train ne s'est pas arrêté ?

IDENTIFICATION

Bravo !
Tous les indices récoltés t'ont permis d'innocenter un à un les suspects.
Tu peux maintenant démasquer le coupable de cet empoisonnement.
Pour vérifier si tu as arrêté le bon, place le livre face à un miroir…

Indice 1 : Nordine Mouk (3 + 4 + 2 + 6 = 15). • Indice 2 : Aimé Souhalors (cuisine). •
Indice 3 : Thérèse Plandissante. • Indice 4 : Ramos Alaplaya. • Indice 5 : Aude Émarage. •
Indice 6 : Oussama Faimal (rue Phil Haplon). • Indice 7 : Paul-Yves Halant. •
Indice 8 : Nick Otine (cravate verte). • Indice 9 : Sarah Lonjunmax. •
Indice 10 : (Mépatécoude-sur-Latable + Faupajouey-sur-Lémau + Moncut-sur-Lacomode + Tumatey-sur-Sautet + Cédut-les-Céhalé) Henri Canant.
Le coupable est donc…

PIPOMATIN

NOUVEAU MYSTÈRE AU TYRANIC PARK

QUI DONC NE POUVAIT PLUS VOIR LES DINOS EN PEINTURE ?

En entrant dans le parc ce matin, un des employés du
service d'entretien a découvert que la quasi-totalité
des dinosaures avaient été recouverts de peinture.
Qui en veut à ce point au *Tyranic Park* pour ainsi empê-
cher la fin du tournage du documentaire tourné par la
chaîne QQTV ? Même si plusieurs pistes sont envisagées, le
criminel était certainement présent sur les lieux juste
avant les faits. On sait d'ailleurs que beaucoup ne s'enten-
dent plus : le producteur et les techniciens ne supportent
plus le mauvais caractère du réalisateur, le producteur a
également un contentieux avec le directeur du parc, et
l'animateur aurait préféré présenter une émission spor-
tive. Bref, seule une enquête minutieuse permettra de
démasquer celui ou celle qui souhaitait nuire au bon
déroulement du tournage. Nul doute que le coupable n'en
a plus pour très longtemps avant d'être attrapé.

Un voleur est condamné pour avoir dérobé l' ordinateur de la prison

Déjà emprisonné, un homme vole l'ordinateur de son lieu de détention et écope de 180 jours de peine supplémentaires.

Roger Rienfait a été condamné à
180 jours de prison au sein du
pénitencier de Cépamoi-
connu dans sa carrière. Quand il a
dit à l'accusé qu'il lui restait
encore des choses à améliorer
dans sa vie de criminel, Roger
Rienfait lui a répondu qu'il n'était
pas, en effet, le meilleur des
voleurs. Il a volé l'ordinateur et l'a
placé dans les ordures pour le
[…] Seulement

Photo de la reconstitution

PRONTOSCOPE

Anasthasie LOCALE
38 ans
1,63 m
Assistante
2 rue Ducou-Demin
GRENOBLE
1
Larry GOLADE
41 ans
1,70 m
Caméraman
6 rue du Général Souzex
NICE
2
Guy LIGUILI
46 ans
1,81 m
Animateur
10 rue Raquel Bagou
METZ
3
Hugues COKOTH
59 ans
1,72 m
Directeur du Parc
9 rue Pépé Dégé
DUNKERQUE
4
Alphonse PATAMOBE
35 ans
1,65 m
Éclairagiste
5 rue Jérémy Lalumière
BREST
5
Alex KUZBIDON
39 ans
1,74 m
Électricien
1 cours Jus
TOURS
6

Heinz VAILLEDRAILLE
43 ans
1,76 m
Monteur
3 rue Amédée Coupage
DIEPPE
7
Pat ATTRAC
54 ans
1,77 m
Réalisateur
4 avenue Lachier
MONTPELLIER
8
Garry SITACAISSE
59 ans
1,66 m
Producteur TV
7 impasse Moilepognon
NANTES
9
Angèle HOUENCRÈME
33 ans
1,62 m
Maquilleuse
11 rue Triphon Detin
AURILLAC
10
Jim HITMONPÈRE
32 ans
1,79 m
Preneur de son
10 rue Léo Parleur
TOULOUSE
11
LES SUSPECTS

INDICE 1

Un sac a été retrouvé près d'un dinosaure vandalisé. Analyse le contenu de cette pièce à conviction. Un détail te permettra alors de déduire que ce sac ne peut pas appartenir à l'un des suspects. Tu pourras donc l'innocenter.

INDICE 2

Voici une chute de pellicule provenant du tournage du documentaire. Observe bien les images découpées. Constate, grâce à un détail précis, qu'un des morceaux ne fait pas partie de cet extrait. Son numéro correspond à celui d'un innocent.

INDICE 3

Plusieurs témoins oculaires ont vu le coupable quitter le *Tyranic Park* en courant. Leurs dépositions sont tellement contradictoires que le portrait-robot établi a été réalisé à l'envers... Un seul suspect n'a aucun point commun avec celui-ci. Identifie-le pour l'innocenter.

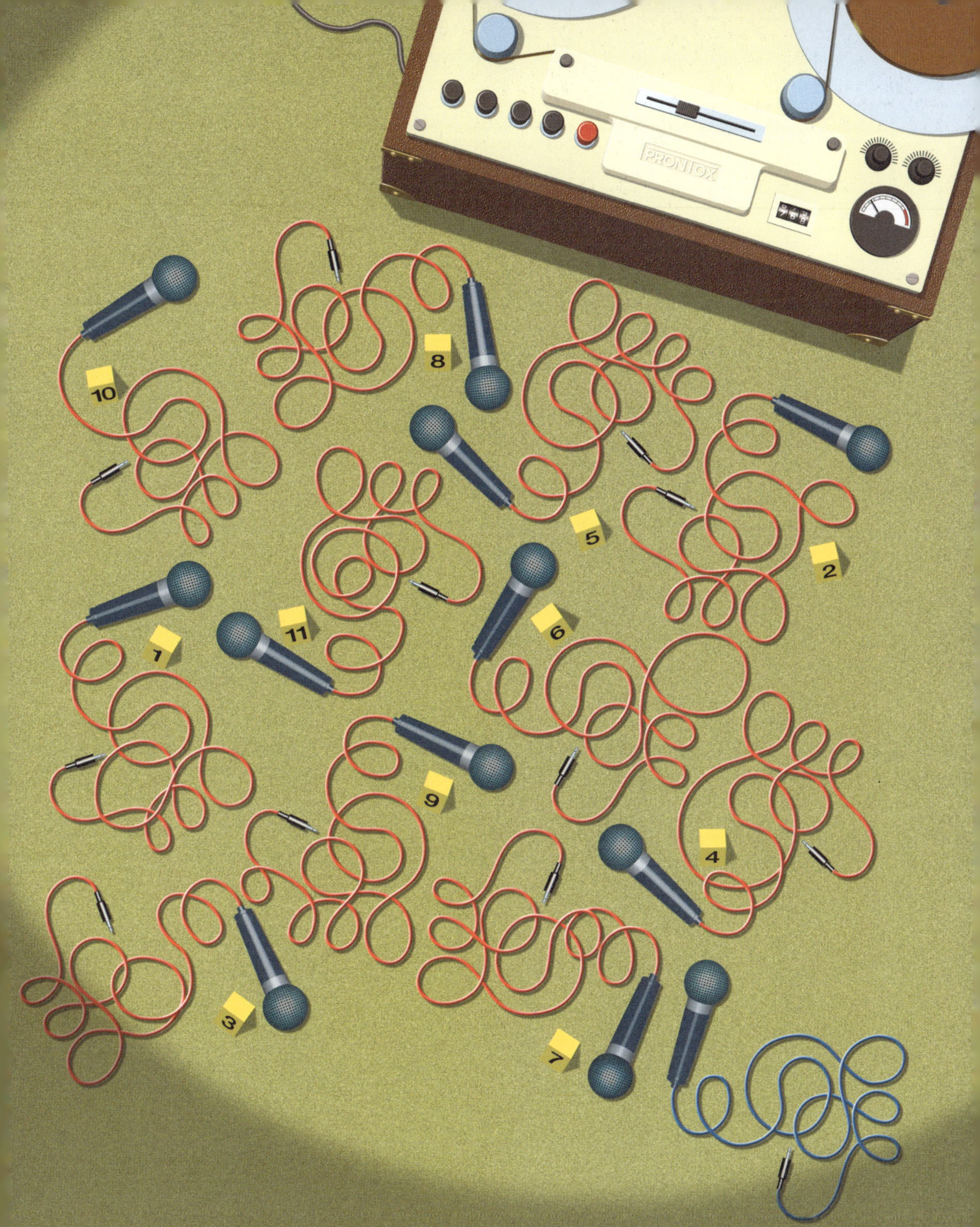

INDICE 4

Voici les micros utilisés pour l'enregistrement du documentaire. Retrouve celui dont le fil rouge est disposé de la même manière que le fil bleu. Son numéro est identique à celui d'un innocent.

INDICE 5

La régie qui a servi au tournage du documentaire a été perquisitionnée. Voici les comptes rendus des interrogatoires. Certains suspects ne semblent pas dire toute la vérité. Analyse dans l'ordre les déclarations ci-contre et détermine le vrai du faux. Pars de l'écran à la mire colorée et décale-toi selon les indications suivantes :

- Si un suspect dit toute la vérité, déplace-toi d'un écran sur la gauche de ta position.
- Si un suspect ne fait que mentir, déplace-toi d'un écran sur la droite.
- Si un suspect dit la vérité puis ment, déplace-toi vers l'écran du dessus.
- Si un suspect ment puis dit la vérité, déplace-toi vers l'écran du dessous.

Tu trouveras l'écran dont le numéro de caméra est le même que celui d'un innocent.

Anasthasie Locale : *« Je ne porte jamais de bijoux et je n'habite pas à la montagne. »*
Larry Golade : *« Je suis imberbe et je suis le plus petit. »*
Guy Liguili : *« Je suis le plus grand et j'ai une bonne vue. »*
Alphonse Patamobe : *« Je ne m'y connais pas en lumière et je suis imberbe. »*
Alex Kuzbidon : *« Je suis plus jeune qu'Anasthasie Locale et je ne suis pas le plus petit. »*
Heinz Vailledraille : *« Je ne suis pas le plus jeune et j'habite au bord de la mer. »*
Pat Attrac : *« J'aime les couvre-chefs et je ne suis pas plus petit que Guy Liguili. »*
Garry Sitacaisse : *« J'ai une bonne vue et j'habite près de l'océan Atlantique. »*
Angèle Houencrème : *« J'ai un métier manuel et je suis la plus jeune femme. »*
Jim Hitmonpère : *« J'habite au sud de la Loire et j'ai une bonne oreille. »*

INDICE 6

Armé d'une bombe de peinture, le coupable a tagué de curieux dessins sur le flanc de cet *Ébindidon*. Décrypte ce mystérieux rébus et découvre le message qu'il a laissé. Il va te permettre d'identifier un innocent.

INDICE 7

Ce *Tudipardon* n'a pas non plus été épargné. Le vandale l'a recouvert de taches de peinture. Détermine combien de couleurs différentes ont été utilisées et innocente le suspect portant le même numéro.

LUNDI 21 JUIN

20H30

SACR1

Il **mourra** d'**amour**

Série.3423ᵉ épisode.
Kelly a épousé le père de Brandon alors que Warren a été tué par le sbire de son frère. Mason a acheté un bébé chien chez un vétérinaire très douteux. La mère de ce chiot est en fait la chienne de Debby, que le fils de Brandon a adopté avant de partir au Guatémala retrouver la nièce de Mason. Pendant ce temps, la belle-mère de Kelly est désespérée d'avoir perdu Warren. Brandon ne sait pas qu'il est alors en danger de mort.

À NOUS 2

Il l'**admire** le **mardi**

Pièce de théâtre d'Abel Auboidormant avec Luce Tansil, Alex Térieur, Richard Kutier.
Pour cacher un début de liaison avec sa voisine, Firmin le facteur décide d'acheter une chèvre. Face à Honorine, sa femme, il lui raconte que ce n'est pas ce qu'elle croit. A force de rebondissements, tout se termine à la satisfaction générale chez Gontran et Mauricette.

BANAL+

L'**animal** est **malin**

Jeu présenté par Agnès Moitrankile.

nanart

Je l'**ornai** de **noir**

Film policier français, 1956, de Dick Cépavrai avec Pacome Lézotre, Yves Hérabien, Audrey Houdeforce.
À Sarguemine, tout le monde pense que Lucette était partie dans la camionnette de Maurice. Alors qu'il est en compagnie de Bébert dans la maison de Josette, il voit à son grand soulagement Lucette entrer. Elle vient demander à Roger où est Fernand. C'est là qu'il apprend qu'elle n'est finalement pas partie en mobylette alors qu'elle ne sait pas faire de vélo. Il est tellement accablé par la douleur que c'est Ginette qui se charge de lui annoncer la nouvelle. Raymond décide de se venger.

QQ TV

Vidons les **dinos** !

Documentaire réalisé par Pat Atrac.
Guy Liguili nous présente le terrible Tétoitator, nous raconte l'histoire du Keskonrix et comment le gigantesque Méhinédredon a disparu il y a 41 millions d'années. Grâce aux différentes reconstitutions du *Tyranic Park*, nous faisons un véritable voyage dans le temps qui nous fera regretter la disparition des dinosaures car les safaris auraient été bien plus compliqués…

TV BIDE

Des **camions** dans la **maison**

Série. 2387ᵉ épisode.
Steve fait un faux témoignage pour sauver Cindy. Grâce à cela, Kevin est temporairement sauvé. Cindy supplie Adam de ne pas se sacrifier pour elle mais il préfère aller en prison pour faux témoignage au lieu de la voir en prison pour un meurtre qu'elle n'a pas commis. Furieuse d'apprendre que c'est Kevin qui a payé sa caution, Cindy demande à Christopher et à Steve de voler le camion de Jacky et de foncer dans la maison d'Adam pour se venger.

SH7W

Tu **tangues** sous les **nuages**

Film dramatique russe, 1938, de Sacha Hutte, avec Igor Savoiture, Vladimir Pourfairelavaisselle, Dimitri Sélektiff.
Sur le bateau de Piotr, Sergei est en compagnie d'Olga. Il admet que Boris est un homme très futé. Cependant, il y a un problème, Piotr a le mal de mer. Olga continue d'être hantée par le fantôme de son mari et par peur de devenir folle, elle se confie à Sofia. Grégory et Sofia couchent ensemble et Piotr décide de pardonner Sofia d'avoir aidé Boris. Elle se retrouve entre les deux frères et demande à Piotr de manipuler Boris.

INDICE 8

La diffusion du documentaire sur le *Tyranic Park* a été annoncée dans ce magazine télé. Dans chacun des titres du programme, les deux mots écrits en gras ont des lettres identiques… sauf une. Note ces sept intruses et remets-les dans le bon ordre pour retrouver le nom d'un élément qui appartient à un innocent.

INDICE 9

La scène du crime a été passée au peigne fin. Une fois les particules analysées au microscope, relie chacune d'entre elles à un suspect. Celui qui n'a laissé aucune trace est innocent.

INDICE 10

Le gigantesque *Ilfédustop* du *Tyranic Parc* a été lui aussi victime du vandale que tu recherches. Un témoin l'a aperçu alors qu'il repeignait les écailles et y inscrivait de mystérieux nombres. Analyse sa déposition ci-dessous et trouve les deux écailles qu'il a saccagées en dernier. Leurs couleurs correspondent à celles des vêtements d'un suspect innocent.

« La première écaille qu'il a repeinte correspond à la somme des deux premières présentes sur la tête. La deuxième se trouve juste après celle-ci. Ensuite, la troisième qu'il a gribouillée est la soustraction entre les deux premières écailles souillées. La quatrième est la somme des deux dernières écailles du Ilfédustop. *La cinquième est la plus petite de*

toutes. La sixième est celle sur laquelle il a peint le chiffre le plus grand. La septième se trouve après cinq numéros pairs. Le nombre de la huitième écaille est trois fois celui de l'écaille qui la suit. La neuvième est la dernière sur le dos du Ilfédustop. Pour les deux dernières écailles qu'il n'a pas épargnées, je ne me souviens plus… »

IDENTIFICATION

Bravo !

Tous les indices récoltés t'ont permis d'innocenter un à un les suspects.
Tu peux maintenant démasquer le coupable qui a vandalisé les dinosaures.
Pour vérifier si tu as arrêté le bon, place le livre face à un miroir…

Indice 1 : Jim Hitmonpère (peigne). • Indice 2 : Alex Kuzbidon. • Indice 3 : Angèle Houencrème. • Indice 4 : Pat Attrac. • Indice 5 : Anasthasie Locale. • Indice 6 : Guy Liguili (j'œufs nez meuh pas part lait : « je n'aime pas parler »). • Indice 7 : Heinz Vailledraille. • Indice 8 : Hugues Cokoth (cravate). • Indice 9 : Alphonse Patamobe. • Indice 10 : Larry Golade (écailles 5, marron, et 3, vert clair).

Le coupable est donc...

DEPUIS AVANT HIER
NOUVEAU
GOÛT
RILLETTES
LE GOÛT UNIQUE D'UN CHOCOLAT
INTENSE EN VÉRITABLES RILLETTES

IN'TOX

FAIM DE L'HISTOIRE !

Coup de théâtre au supermarché Sakouth !

Ce matin, à l'ouverture du supermarché Sakouth de Sedécarcasset, les employés ont trouvé au milieu du rayon des conserves le corps inanimé de Jacques Houzy, le directeur du magasin, entouré de boîtes ouvertes. Sur le moment, les témoins ont cru à une indigestion suite à une envie énorme de cassoulet et de petits pois. Mais dès l'arrivée des secours et une fois réanimé, il a affirmé que quelqu'un l'avait forcé à avaler toutes sortes de produits bio pour l'assassiner. « C'est parce que je mange régulièrement de la choucroute, même au petit-déjeuner, que j'ai pu tenir le coup. » a-t-il déclaré aux policiers venus constater les faits. Qui pouvait lui en vouloir à ce point ? Les premières investigations ont révélé que le coupable est forcément l'un des employés du supermarché, car ils sont les derniers à avoir quitté les lieux de l'agression. Les indices qu'a laissés derrière lui le criminel vont certainement fournir des informations capitales pour l'enquête qui ne fait que commencer.

Il s'introduit dans appartement et v une dinde dans le congélateur

Mardi dernier, vers 23 h
homme fait irruption d
partement d'une famil
pare de la dinde qui se
dans le congélateur fa
Ce vol spectaculaire s
sous les yeux ahuris
res, une mère et ses
La police a cependa
qu'ils n'auraient sub
agression physique
La mère aurait par
affirmé connaître
police recherche
viron 1 mètre 80
pesant approxim
kilos.

Deux v se grin marqu indélé

Deux jeun l'idée de s tre indélé pas être r

David Vinc
Sam Harar
essayé de
appartem
C'est un
d'effract
police.
C'est lo
deux s
ont pu
le visa
lébile
témo
men
incu

Une octogénaire essaye de semer les gendarmes après avoir été flashée

Agée de 81 ans, Thérèse Honable était au volant de sa puissante Frégate lorsqu'elle a été flashée, roulant à plus de 30 km/h au dessus de la vitesse légale. Après ... tenté de semer les gendar... conduit

Photo de la reconstitution
-120%
SUPER PAS CHER !
PIPO

50%
MÉGA DISCOUNT!
STOP AFFAIRE !
1 ACHETÉ 3 PAYÉS

Raquel SONJOLY
24 ans
1,63 m
Caissière
10 rue Descarte-Defidélité
LE HAVRE
1
Milo MUSIKPLUFOR
41 ans
1,82 m
Chef du rayon bricolage
9 rue Dédé Gripant
TOURS
2
Colin TIMBRE
46 ans
1,79 m
Chef du rayon surgelés
29 rue Séraphin Dusse
NANCY
3
Amy KILÉKON
30 ans
1,67 m
Responsable du rayon livres
31 rue du Chat Pitre
RODEZ
4
Lazare FÉBIENLÉCHOZ
45 ans
1,80 m
Chef du rayon poissonnerie
13 rue Fifi Lédemerlan
BREST
5
Judas NANAT
37 ans
1,75 m
Chef du rayon boucherie
14 rue Rose Biffe
CALAIS
6

Jean NEBZOIN
50 ans
1,72 m
Chef du rayon fruits
et légumes
30 rue Descarte-Sézon
CANNES
7
Ashley ZOGNON
36 ans
1,65 m
Vendeuse au rayon charcuterie
33 rue Sophie Sonsec
BESANÇON
8
Jim HITSARKO
39 ans
1,73 m
Responsable boulangerie
32 rue Abbé Gnais
TOULOUSE
9
Heinrich HANVITAMINE
52 ans
1,78 m
Chef du rayon
produits laitiers
16 rue Henri Haulet
STRASBOURG
10
Elmer RAPELTAMÈRE
27 ans
1,71 m
Chef du rayon jardinerie
15 rue Rambo Tage
CLERMONT-FERRAND
11
LES SUSPECTS

INDICE 1

La réserve du supermarché est perquisitionnée et une palette chargée de paquets de pâtes a été découverte. À l'origine ces paquets formaient un cube parfait. Détermine combien il manque de boîtes pour reconstituer la palette. Ce nombre est identique au numéro de la rue où habite un innocent.

INDICE 2

Des produits ont été saisis dans les paniers des suspects.
Après les avoir pesés, détermine le poids de chaque article grâce à ces renseignements :
- le poisson pèse 312 grammes ;
- le sac de pommes est deux fois plus lourd que le poisson ;
- le poids de la banane correspond à celui du poids du poisson moins le tiers du poids du sac de pommes ;
- le poids de l'orange est la moitié du poids de la banane.

Cette dernière mesure relevée est le même nombre que celui de l'âge d'un innocent.

INDICE 3

Les lieux de l'agression ont été passés au peigne fin. Des objets ont été retrouvés et analysés au microscope. À l'aide de tes connaissances sur les onze suspects, relie-les à chaque indice. L'un d'eux n'a laissé aucune trace parce qu'il n'était pas sur les lieux au moment des faits. Retrouve-le car il est innocent.

INDICE 4

Ce carton de livraison a été retouvé dans la réserve du supermarché. En l'ouvrant, des produits sont retrouvés. Leurs noms ont tous des lettres en commun sauf une. Retrouve-la car elle se trouve dans le nom de la ville d'un innocent.

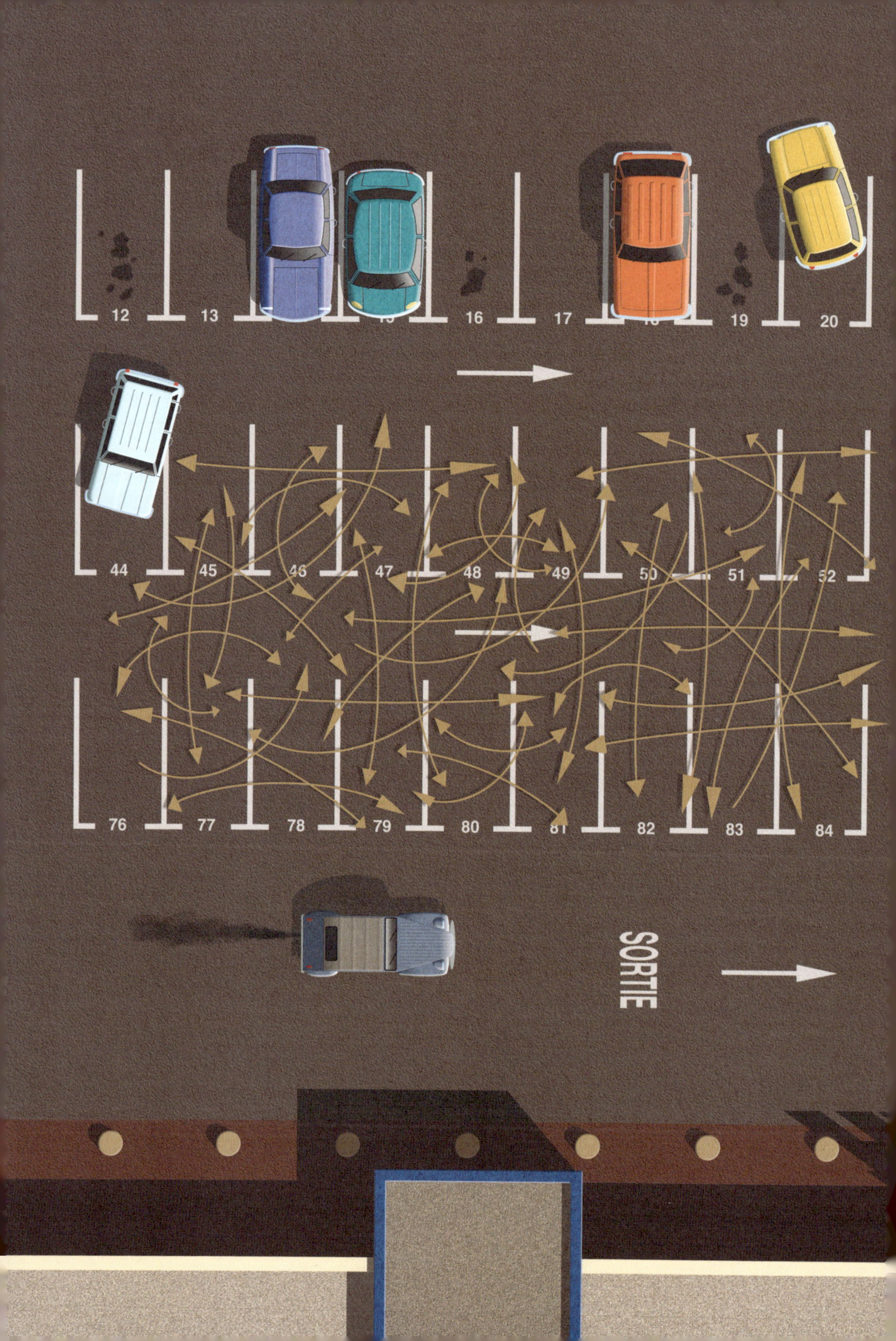
12
13
16
17
19
20
44
45
46
47
48
49
50
51
52
76
77
78
79
80
81
82
83
84
SORTIE

INDICE 5

Grâce à l'observation des images des caméras de vidéo-surveillance du supermarché, les déplacements des voitures sur le parking ont été reconstitués. En tenant compte uniquement des flèches qui ont leurs deux extrémités identiques, note les lettres qu'elles forment pour obtenir le nom d'un objet utilisé par un innocent.

INDICE 6

En examinant les lieux du sabotage, plusieurs cartons du supermarché mis à plat pour être jetés ont été découverts. En les observant soigneusement, seuls deux d'entre eux, une fois montés, sont identiques à celui qui est encore intact. Retrouve-les car leurs numéros se trouvent dans celui de l'âge d'un innocent.

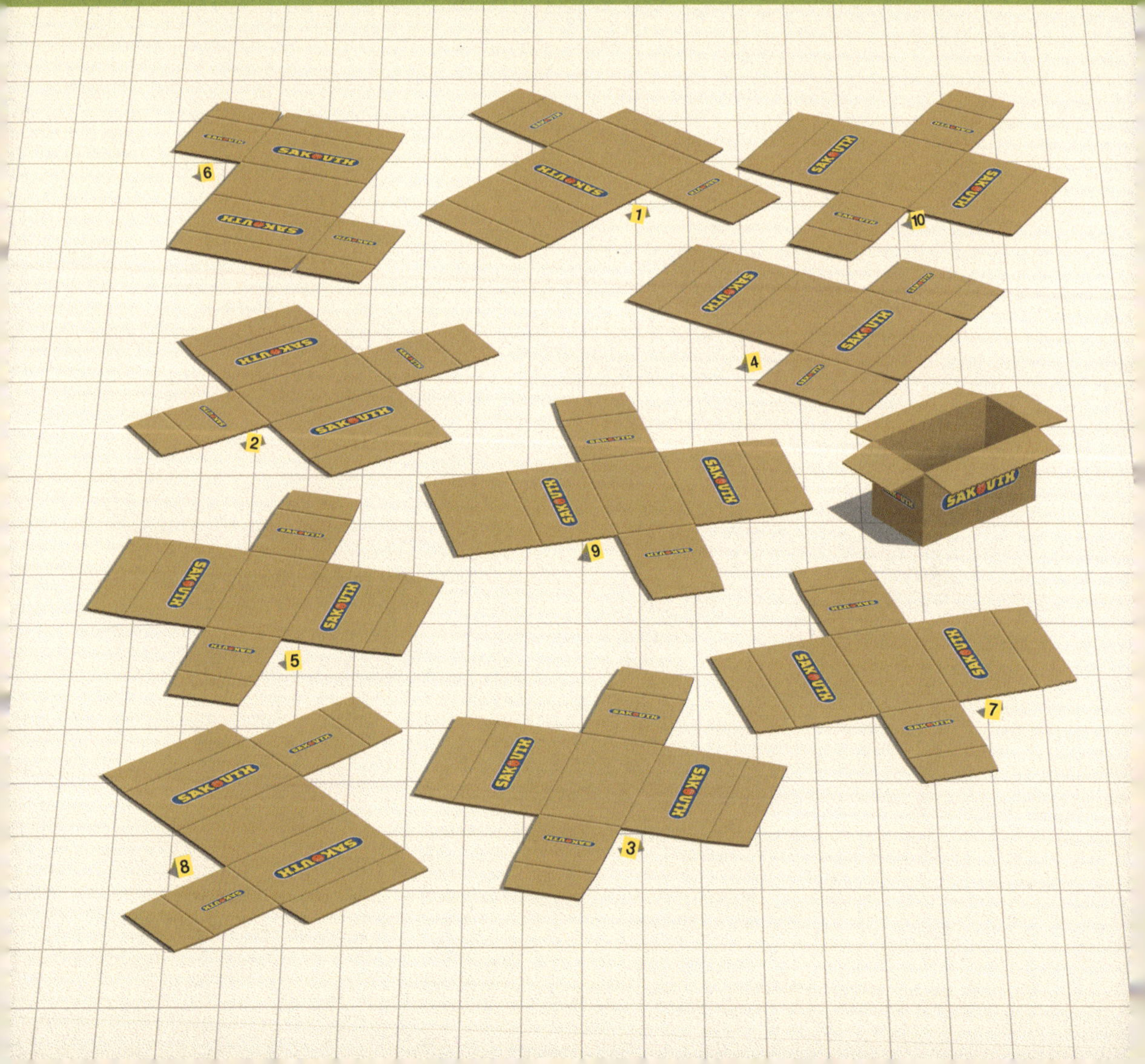

INDICE 7

En perquisitionnant le supermarché, ces deux camions de livraison garés sur le parking ont été remarqués. À première vue, ils ont l'air identiques, mais en les observant bien, il y a quelques différences entre eux. Compte-les pour obtenir un chiffre identique à celui de la rue où vit un innocent.

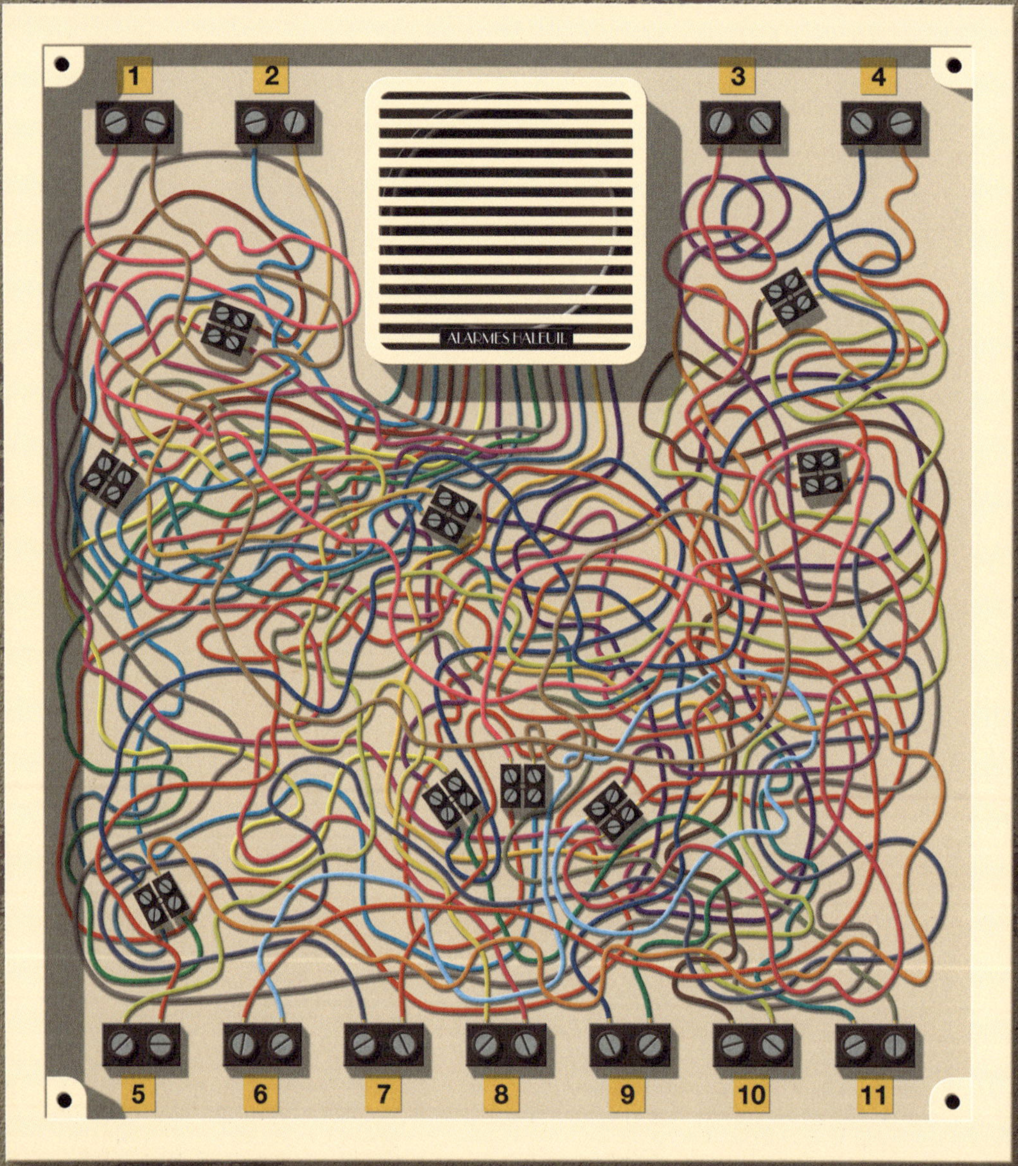

INDICE 8

Le coupable a saboté le système d'alarme du supermarché. Normalement, chaque borne numérotée est reliée au haut-parleur. Retrouve celles qui ne le sont pas et en additionnant leurs chiffres, tu obtiendras l'âge d'un innocent.

INDICE 9

Une des boîtes de petits pois utilisée pour agresser le directeur a été retrouvée. Relie les petits pois dans l'ordre des numéros de 1 à 37 en ne sélectionnant que ceux qui touchent une étiquette et recompose la silhouette d'un objet appartenant à un innocent.

INDICE 10

Tous les suspects de cette affaire ont été interrogés et voici leurs dépositions. Certaines sont vraies d'autres sont fausses. Si la réponse du suspect est exacte, note le prix de l'article qui correspond au numéro de la question. S'il a menti, ne note rien. Additionne les prix que tu as retenus. Le total obtenu correspond à la taille d'un innocent en centimètres.

1. **Raquel Sonjoly** : *« Je suis la plus jeune. »*
2. **Milo Musikplufor** : *« Je n'habite pas au bord de la mer. »*
3. **Colin Timbre** : *« Je ne supporte pas le froid. »*
4. **Amy Kilékon** : *« Je n'aime pas les histoires. »*
5. **Lazare Fébienléchoz** : *« J'habite loin de la montagne. »*
6. **Judas Nanat** : *« Je suis végétarien. »*
7. **Jean Nebzoin** : *« Je ne suis pas le plus vieux. »*
8. **Ashley Zognon** : *« J'habite un village. »*
9. **Jim Hitsarko** : *« Je ne connais rien à la baguette de pain. »*
10. **Elmer Rapeltamère** : *« Je ne suis pas le plus grand. »*

IDENTIFICATION

Bravo !
Tous les indices récoltés t'ont permis d'innocenter un à un les suspects.
Tu peux maintenant démasquer le coupable de l'agression du directeur du supermarché.
Pour vérifier si tu as arrêté le bon, place le livre face à un miroir…

Indice 1 : Amy Kilékon. • Indice 2 : Heinrich Hanvitamine (624/104/52). • Indice 3 : Milo Musikplutor. • Indice 4 : Judas Nanat (i, Calais). • Indice 5 : Lazare Fébienléchoz (montre). • Indice 6 : Ashley Zognon (3, 6). • Indice 7 : Elmer Rapeltamère. • Indice 8 : Raquel Sonjoly (3 + 5 + 6 + 10 = 24). • Indice 9 : Jean Nebzoin (lunettes). • Indice 10 : Colin Timbre (vérités : 1, 2, 5, 7, 10).

Le coupable est donc...

SHRGPLECTEOASCDNISMEASFISNDECA
ESULPMOBVX
STADIER
015
INSTAMATOC 140
CAMERA
Prontak
MADE IN PIPO REPUBLIK

UN COUP PAS FRANC !

Décidément, le championnat de la 23e division de football n'est qu'une suite de rebondissements ! Après le sabotage du bus de Méton-sur-Vète et son affaire de dopage à la mayonnaise, c'est maintenant au tour de Hinbute-sur-Pénaltit de défrayer la chronique. Son équipe devait affronter celle de Honlézat-sous-Estimet, dans un match dont l'arbitre était Jessie Flélamitant, intercommunalement reconnu comme le meilleur de son immeuble. Mais au moment de mettre sa tenue dont il est si fier, il a découvert avec horreur qu'elle avait été recouverte de graffitis pas très sympathiques comme « *tu es plus nul qu'un match nul* »... Ça l'a tellement secoué de retrouver son maillot dans cet état qu'il a préféré rentrer chez lui, incapable d'arbitrer le match entre les deux équipes.

Tout le monde connaît sa réputation d'arbitre intransigeant avec le coup de sifflet facile et la rapidité avec laquelle il dégaine le carton rouge. Sa conscience professionnelle est telle que pour maintenir en forme sa sévérité, il s'entraîne tous les jours sur Aldo, son chiwawa.

À ce stade de l'enquête, on sait qu'aucun joueur de Honlézat-sous-Estimet n'était présent au moment des faits. Les soupçons se reportent donc sur les membres de l'équipe de Hinbute-sur-Pénaltit. Même s'il est difficile de savoir en l'état actuel de l'enquête qui était présents lors de ce saccage, aucune piste ne devra être négligée pour retrouver le malfaiteur qui s'en est pris à Jessie Flélamitant. Nul doute que l'ensemble des indices matériels laissés par les protagonistes de cette affaire permettra de percer le mystère qui entoure cette enquête et ainsi d'identifier le coupable.

Il hypnot
bijoutièr

La vendeus
été victime
l'hypnose c
pour plus c
joyaux.

L'escroc s'es
rie et a dem
de diaman
faire un ca
vendeuse c
de son hô
bijouterie,
en a prof
repartir av

Un sir
comm

Un petit
tous les
serveur
Yapluka
restaura
et leur a
des en
mencé
juste p
chaude
donnée
racont
les clie
a la g
des re
cette r
quatre
pour
aux b

Deux voleurs se grim
au marqueur indéléb

Deux jeunes voleurs or
l'idée de se maquiller au f
indélébile noir afin de n
être reconnus.

David Vincent Lézavu, 23
Sam Harangepas, 20 ans, ont
de pénétrer dans un appar
vendredi dernier. C'est un
... leur tentative d'effractio

Photo de la reconstitution

STADIER
015

Judas STICOT
46 ans
1,82 m
Caméraman
6 rue Sylvie Déo
MÉNERBES
1
Adhémar OKARDETOUR
52 ans
1,81 m
Entraîneur
12 rue Alain Deutrois
HINBUTE-SUR-PÉNALTIT
2
SACHA TOUILLE
43 ans
1,78 m
Présentateur
9 allée Lévert
HINBUTE-SUR-PÉNALTIT
3
Jacques SEPTEPALÉCHEK
41 ans
1,79 m
Agent
3 voie Lalepognon
MARSEILLE
4
Ted DUCOINT
47 ans
1,77 m
Stadier
35 rue Jay Leuille
HINBUTE-SUR-PÉNALTIT
5

Toussaint PEUPOURVOIR
67 ans
1,75 m
Président du club
12 Jean Néplunléfouille
HINBUTE-SUR-PÉNALTIT
6
Mel TOIDETÉZAFÈRE
19 ans
1,80 m
Gardien de but
7 rue Jarreth Tout
HINBUTE-SUR-PÉNALTIT
7
Michaël HÉBÈTE
45 ans
1,80 m
Médecin
13 voie Hanroué
HINBUTE-SUR-PÉNALTIT
8
Jonas DORET
37 ans
1,76 m
Journaliste
4 voie Deçonmaître
LYON
9
Théo RADART
51 ans
1,74 m
Menuisier
17 rue du Père Sage
HINBUTE-SUR-PÉNALTIT
10
LES SUSPECTS

INDICE 1

Les supporters de *Honlézat-sous-Estimet* étaient tellement déçus et énervés de ne pas voir leur équipe jouer qu'ils ont déchiré la revue de football disponible à la buvette du stade. Grâce à une revue intacte, reconstitue la couverture avec les morceaux éparpillés, et relève ceux qui n'en font pas partie. Les lettres associées figurent dans le nom d'un innocent.

INDICE 2

L'enquête te mène alors sur le terrain de *Hinbute-sur-Pénaltit*. Voici les ballons que les joueurs utilisent pour leurs entraînements. Retrouve la position qui revient le plus souvent sur la pelouse du stade. Ce chiffre indique le numéro de la rue où habite un innocent.

Gardien de but
de 1964 à 1972

Arrière droit
de 1971 et 1983

Libéro
de 1986 à 1995

Libéro
de 1967 à 1981

Avant-centre
de 1927 à1935

Avant-centre
de 1941 à 1954

Gardien de but
de 1968 à 1979

Gardien de but
de 1923 à 1931

Arrière gauche
de 1939 à 1948

Avant-centre
de 1954 à 1965

Avant-centre
de 1974 à 1987

INDICE 3

Cet album Panunuche a été trouvé dans les archives de *Hinbute-sur-Pénaltit*.
Cette page de vignettes regroupe les meilleurs joueurs depuis la création du club.
Retrouve les quatre joueurs qui sont restés le plus longtemps dans l'équipe.
Note les lettres en rouge contenues dans leurs noms car elles apparaissent aussi dans le nom de famille d'un innocent.

INDICE 4

Ces particules découvertes sur les lieux de l'agression ont été analysées minutieusement au microscope. Relie chacune d'elles à un suspect. En observant la photo de la reconstitution, tu pourras constater qu'un des suspects n'a laissé aucune trace car il n'était pas sur les lieux au moment des faits. Il est donc innocent.

INDICE 5

En menant l'enquête, le stade sur lequel devait avoir lieu le match entre *Hinbute-sur-Pénaltit* et *Honlézat-sous-Estimet* a été examiné. Le panneau publicitaire sur le bord du terrain affiche un curieux message publicitaire. En partant du C rouge,déplace-toi comme indiqué :

- Si un chiffre est précédé de « + », compte en te dirigeant vers la droite ;
- Si un chiffre est précédé de « - », compte en te dirigeant vers la gauche.

Par exemple, +12 donne la lettre E et +24 donne la lettre T. Pour trouver la phrase qui constitue ce message caché, continue en suivant les instructions. Cela te permettra d'obtenir un indice pour disculper un suspect.

C, +12, +24   -14, +17, -16, -7, -15, -6, +25   -5, +18 -24, +39
-16, -24, +13, +14, +14, -19   -20, +47, -32   -19, +28 +12, -47, +12, +26

INDICE 6

Ces pièces à conviction ont été découvertes dans la vitrine d'exposition du club de *Hinbute-sur-Pénaltit*. Les années inscrites sur les quatre coupes de chaque étagère sont rangées selon une suite logique. Retrouve le chiffre manquant sur chacun des trophées de droite et additionne-les pour obtenir l'âge d'un innocent.

INDICE 7

Le vestiaire de Jessie Flélamitant a été passé au peigne fin. Plusieurs de ses affaires sont retrouvées souillées. Celles-ci ont toutes une lettre en commun dans leur nom qui n'est pas contenue dans le nom de famille d'un suspect.

INDICE 8

Trois supporters de l'équipe de *Hinbute-sur-Pénaltit* ont été interrogés. Leurs témoignages sont un peu confus, mais ils te fournissent malgré tout une information capitale pour la suite de l'enquête permettant de trouver l'âge de l'homme à la casquette verte. Un innocent possède le même que lui.

INDICE 9

Bruno Dajin, le célèbre commentateur sportif qui affirme avoir vu le coupable, a été interrogé. Grâce à sa déposition, un seul suspect ne correspond pas à ce qu'il dit. Une fois identifié, tu pourras le disculper.

IDENTIFICATION

Bravo !
Tous les indices récoltés t'ont permis d'innocenter un à un les suspects.
Tu peux maintenant démasquer le vandale.
Pour vérifier si tu as arrêté le bon, place le livre face à un miroir…

Indice 1 : Adhémar Okardetour (E, T, U, R). • Indice 2 : Sacha Touille (9). • Indice 3 : Ted Ducoint (U, D, I, O. Jean-Marie Deuparmois, Rémy Fassolassidot, Joris Kerien, Pépito-Nicolas Son). • Indice 4 : Théo Radart. • Indice 5 : Judas Stricot (« Cet arbitre fait encore son cinéma »). • Indice 6 : Mel Toidetézafère (8 + 2 + 9 = 19). • Indice 7 : Toussaint Peupourvoir (T). • Indice 8 : Jonas Doret (37 ans, les autres ont 22 ans et 44 ans). • Indice 9 : Michaël Hébète. •

Le coupable est donc...

LE N...

FRASQUES SUR LA FRESQUE !

La fresque située dans le temple de *Koudussor* de la pyramide du pharaon Toumoisis a été vandalisée hier, en fin d'après midi. C'est le gardien qui a découvert les dégats. Cela se serait passé juste avant la fermeture du monument, car il dit n'avoir rien constaté lors de sa ronde habituelle. Les lieux du délit ont été passés au peigne fin, permettant de relever de nombreux indices laissés par le coupable. Il ne fait aucun doute qu'il appartenait au groupe de touristes présents au moment des faits. En attendant que l'enquête permette de le démasquer, une question se pose : qui est aussi rancunier pour s'en prendre à une œuvre vieille de 2500 ans ?

Un loup chèvre bent a l'un de

Un loup seraient d ment insé qu'ils parta leur zoo.

Les gardier d'Appèle depuis un scène tota effet, un d'une chè rait plus, ler à la m gne l'a momen Un emp matin, vre pe loup, fermé hurla chèv men son Ils leu

Photo de la reconstitution

Hillary VARIEN
29 ans
1,63 m
Étudiante
12 impasse Surlachimie
LILLE
1
Otto RAIPADUS
45 ans
1,79 m
Maçon
10 rue Dufil-Haplon
CHAUMONT
2
Mathieu KILFÉCHOT
41 ans
1,72 m
Boulanger
11 rue de l'Ami Hette
ROUEN
3
Dick SIONAIRE
38 ans
1,82 m
Militaire
33 rue du Général Lebol
NICE
4
Perrine DELIÈVRE
44 ans
1,66 m
Infirmière
3 rue Ambre Hulance
ISSOUDUN
5
Helmut TARDELPIK
46 ans
1,71 m
Routier
9 rue du Père Mipoilour
POITIERS
6

Hans HANSUNIK
39 ans
1,68 m
Artiste peintre
12 rue du Pic Hasso
ANTIBES
7
Jean-Loup PEPAHUNE
57 ans
1,69 m
Retraité
15 rue Alain Kontinant
SOMMIÈRES
8
Guy CHÉFERMÉ
48 ans
1,81 m
Jardinier
19 rue Tabagas
DIJON
9
Sarah FRÉCHIT
47 ans
1,73 m
Institutrice
7 rue de l'Abbée Cédère
TOURS
10
Thierry CHEMONFISSE
35 ans
1,81 m
Facteur
5 rue Henri Commandé
BLOIS
11

INDICE 1

Le gardien de la salle où se sont passés les faits a été interrogé. Grâce à son témoignage, retrouve parmi tous les suspects celui qui correspond à sa déposition car il est innocent.

INDICE 2

Dans une vitrine près de la salle, il a été découvert un manuscrit sur lequel figurent de mystérieuses opérations semblant contenir un indice secret. Découvre les chiffres cachés derrière chacun des trois hiéroglyphes et additionne-les. Tu obtiendras le numéro de la rue où habite un innocent.

INDICE 3

Ces statuettes en vente dans le magasin de souvenirs semblent toutes identiques. Pourtant, en les observant bien, quelques-unes sont différentes. Compte-les pour obtenir un chiffre contenu dans l'âge d'un innocent.

INDICE 4

Voici des cartes postales avec les portraits de pharaons importants. En les classant dans l'ordre chronologique d'ancienneté et en ne gardant que la première lettre de leur nom, tu pourras composer un mot qui est un objet utile à un innocent.

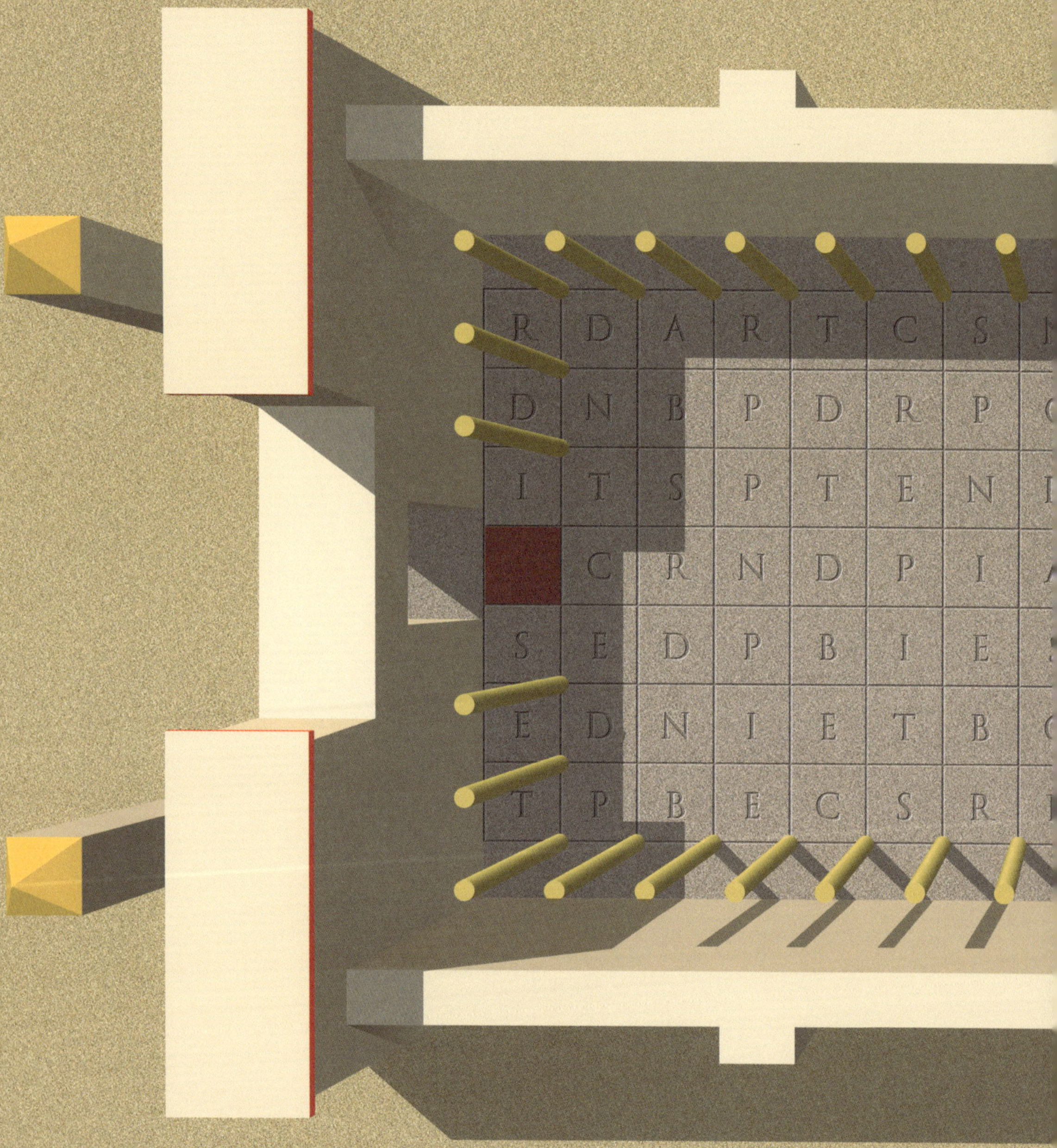

INDICE 5

Les interrogatoires des suspects t'ont permis de reconstituer l'itinéraire de leur visite dans le temple de *Koudussor*. Les indications recueillies permettent de parcourir la salle de dalle en dalle afin de trouver la lettre identique à la première du nom de la ville où vit un innocent. Pars de la dalle rouge et suis les indications suivantes :

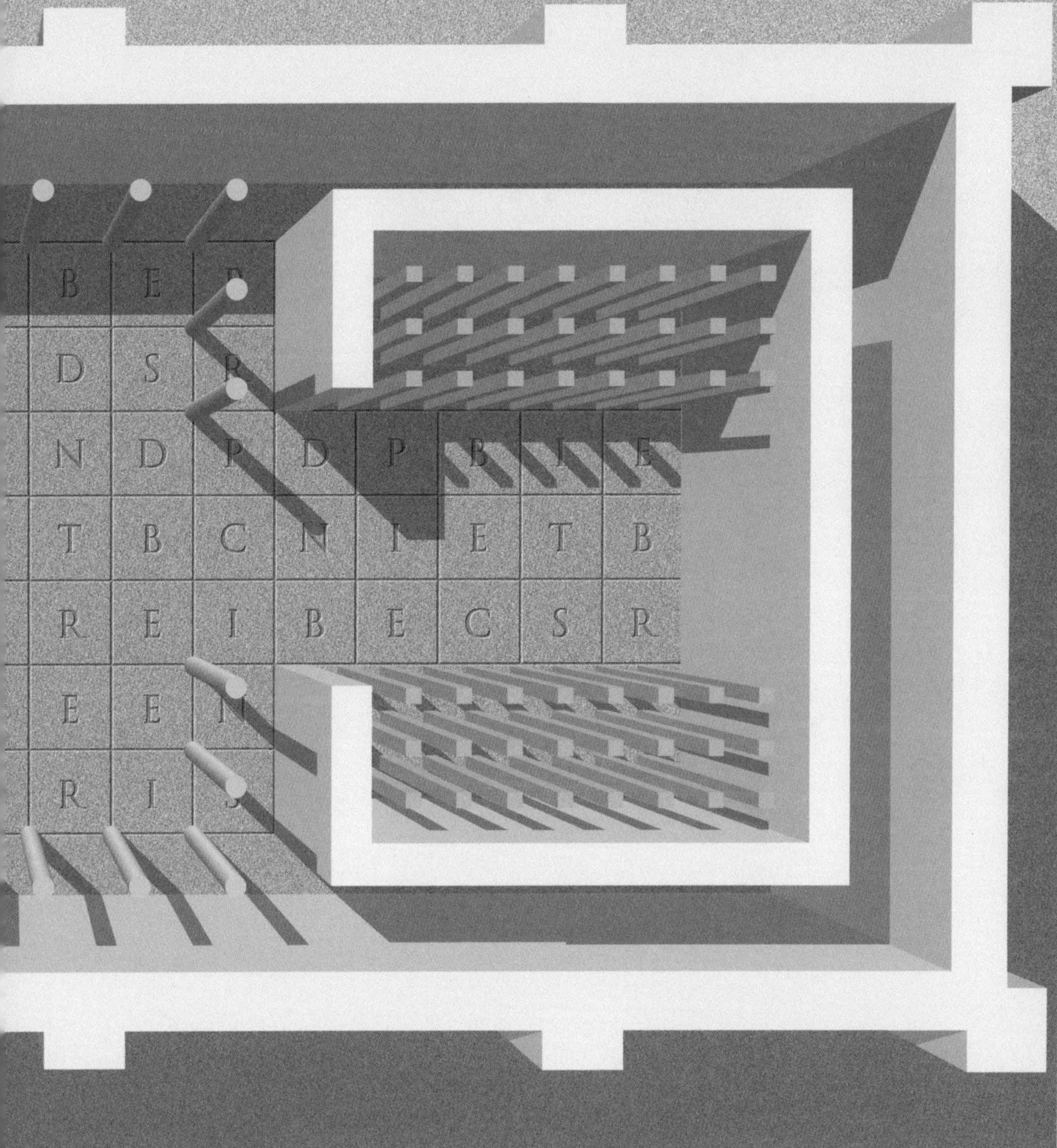

1↑ 4→ 3↓ 3→ 4↑ 3→ 5↓ 7← 2↑ 8→ 4↑
3← 3↓ 4→ 1↑ 3→ 2↓ 5← 2↑ 3← 1↑ 3←

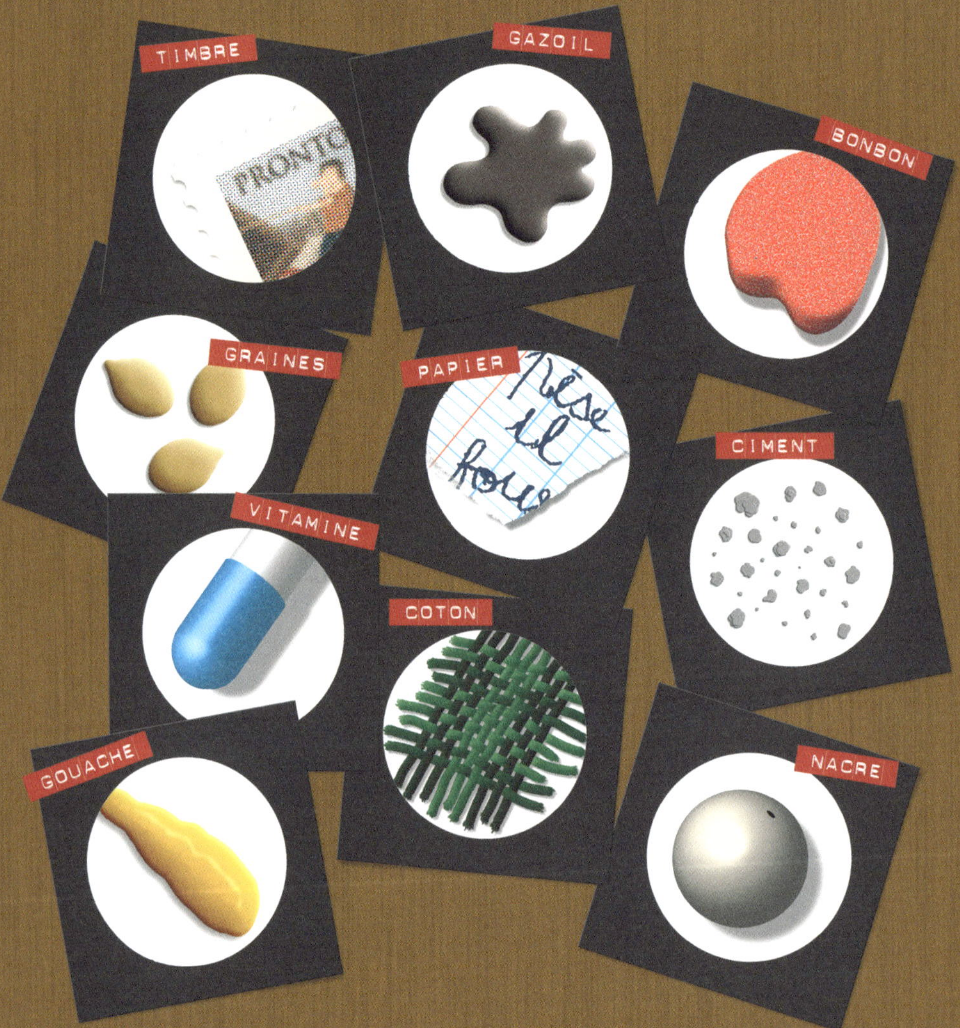

INDICE 6

La scène du crime a été passée au peigne fin. En analysant au microscope les particules découvertes et en associant chacune d'elles à un suspect, tu t'apercevras qu'il y en a un qui n'a laissé aucune trace car il n'était pas sur la scène du crime. Il est donc innocent.

INDICE 7

Une série de hiéroglyphes gravés sur un des murs du temple de *Koudussor* a été découverte.
Observe-la attentivement et note :
- Combien de hiéroglyphes différents y a-t-il ?
- Combien de fois le plus répandu d'entre eux est-il gravé ?
- Combien de hiéroglyphes sont reproduits six fois chacun ?
Additionne ces trois chiffres obtenus pour découvrir l'âge d'un suspect innocent.

INDICE 8

Ces pièces à conviction ont été retrouvéesdisséminées sur le sol. Ce sont les tickets d'entrée du temple de *Koudussor*. Les numéros composant chaque rangée de tickets de la même couleur est une suite logique. Retrouve le numéro manquant sur ceux déchirés. En les additionnant, tu obtiendras la taille d'un innocent en centimètres.

INDICE 9

Avant de quitter les lieux, le malfrat a saccagé une magnifique fresque du temple. Analyse ce graffiti pour trouver le message caché. C'est un indice précieux qui te permettra d'innocenter un suspect.

INDICE 10

Voici le compte rendu de l'interrogatoire des suspects. Certains ne semblent pas dire toute la vérité. Analyse leurs déclarations et détermine le vrai du faux. Pars de la porte d'entrée du bus :

- Si un suspect dit toute la vérité, déplace-toi de trois passagers à gauche de ta position.
- Si un suspect ne fait que mentir, déplace-toi de trois passagers à droite.
- Si un suspect dit la vérité puis ment, déplace-toi de deux passagers à gauche.
- Si un suspect ment puis dit la vérité, déplace-toi de deux passagers à droite.

Le passager que tu découvriras à la fin de ton investigation est innocent.

Hillary Varien : *« Je suis innocente et j'habite au nord de la Loire. »*
Dick Sionaire : *« Je suis le plus grand des touristes et je déteste les armes. »*
Helmut Tardelpik : *« J'ai de longs cheveux bouclés et une vue parfaite. »*
Thierry Chemonfisse : *« Je distribue le courrier et je suis plus vieux que Hans Hansunik. »*
Guy Chéfermé : *« J'habite dans la région de la moutarde et j'aime les plantes. »*
Mathieu Kilféchot : *« Je n'aime pas le pain et je suis plus grand qu'Otto Raipadus. »*
Sarah Fréchit : *« Je n'ai pas encore 50 ans et je ne suis pas la plus grande des femmes. »*
Otto Raipadus : *« Je n'ai pas de barbe et je ne travaille pas dans un bureau. »*

IDENTIFICATION

Bravo !

Tous les indices récoltés t'ont permis d'innocenter un à un les suspects. Tu peux maintenant démasquer le coupable du saccage de la fresque. Pour vérifier si tu as arrêté le bon, place le livre face à un miroir…

Indice 1 : Otto Raipadus. • Indice 2 : Mathieu Kilféchot (6, 3 et 2). • Indice 3 : Helmut Tardelpik (6). • Indice 4 : Hans Hansunik (pinceau). • Indice 5 : Guy Chéfermé. • Indice 6 : Jean-Loup Pepahune. • Indice 7 : Hillary Varien (17 + 8 + 5 = 30). • Indice 8 : Dick Sionnaire (30 + 532+ 100 = 182). • Indice 9 : Perrine Delièvre (J'oeufs v'houx han v ré m'haie faux t'eau dé pi rat mi deux : « je vous enverrai mes photos des pyramides »). • Indice 10 : Thierry Chemonfisse.

Le coupable est donc...

LE RAGO

PLUS ÇA VA MOINS SA VOIX !

La grande Maria Melécasse a dû annuler le récital qu'elle devait donner à l'opéra. Comme avant chaque concert, elle s'éclaircissait la voix avec son produit à base de miel quand elle s'est soudain mise à tousser, sans plus pouvoir s'arrêter. Elle a alors été victime d'une extinction de voix. Celle-ci aurait été causée par un mélange suspect retrouvé à l'intérieur de son vaporisateur. D'après l'ensemble des indices déja recueillis, il ne fait aucun doute qu'un des artistes qui devaient se produire sur scène avec elle est l'auteur de ce sabotage. L'enquête actuellement en cours permettra d'identifier clairement le coupable.

Photo de la reconstitution

Marsha PILL
37 ans
1,70 m
Mezzo-soprano
11 rue Rémy Ladoré
QUIMPER
1
Alonzo BALMASKÉ
46 ans
1,71 m
Contralto
6 voie Casset
LYON
2
Cathy MINY
41 ans
1,71 m
Soprano
8 rue de L'Angine
MARSEILLE
3
Jean SÉRIEN
49 ans
1,65 m
Basse
14 rue Momo Zarre
LILLE
4
Gaspard HALIZAN
36 ans
1,73 m
Baryton
12 rue des Amis Dales
NICE
5
Irma MISSA
42 ans
1,69 m
Soprano
12 avenue Côme Bach
ORLÉANS
6

James SÉGENOUX
51 ans
1,80 m
Ténor
7 rue Josépha Solassido
SAINT-FLOUR
7
Paul HICHINEL
48 ans
1,71 m
Figurant
3 rue des Pères Cussion
ANNECY
8
Jo RAITAPO
40 ans
1,81 m
Baryton
9 rue Ducouac
PARIS
9
Yvan DRESSAMÈRE
45 ans
1,67 m
Figurant
4 rue du Silence
ROUEN
10
Bruno ZIEUVERT
38 ans
1,68 m
Ténor
1 avenue Lachier
AMIENS
11
LES SUSPECTS

INDICE 1

Ces différentes pièces à conviction ont été retrouvées dans la loge de Maria Melécasse. Ce sont les ingrédients qui ont servi à fabriquer la potion briseuse de voix. Inscris leurs noms dans la grille et note les lettres qui se trouvent dans les cases jaunes.
En les remettant dans le bon ordre, tu pourras découvrir le nom d'un objet qui appartient à un suspect innocent.

INDICE 2

Durant un concert donné par Maria Melécasse il y a quelques mois, un des morceaux d'opéra qu'elle a chanté contenait un message caché. Sachant que le mot « coupable » se trouve dans l'extrait qui passe à la télévision et que chaque mot est séparé par une barre verticale, remplace chaque note de musique par la lettre qui lui correspond. Quand tu auras déchiffré cette partition, tu obtiendras un indice qui disculpera un innocent.

INDICE 3

La cantatrice est très ennuyée d'avoir perdu sa voix… Elle ne pourra pas donner la représentation annoncée sur l'affiche. D'ailleurs, son costume a changé par rapport à celui qu'elle portait sur l'affiche de son spectacle. Trouve les différences pour identifier le numéro de la rue où habite un innocent.

INDICE 4

Voici le dernier disque enregistré par Maria Melécasse. Dans chaque titre de chanson, les deux mots écrits en blanc ont toutes leurs lettres en commun… sauf une. Notes ces huit lettres et remets-les dans le bon ordre pour trouver le nom d'un objet qui appartient à un innocent.

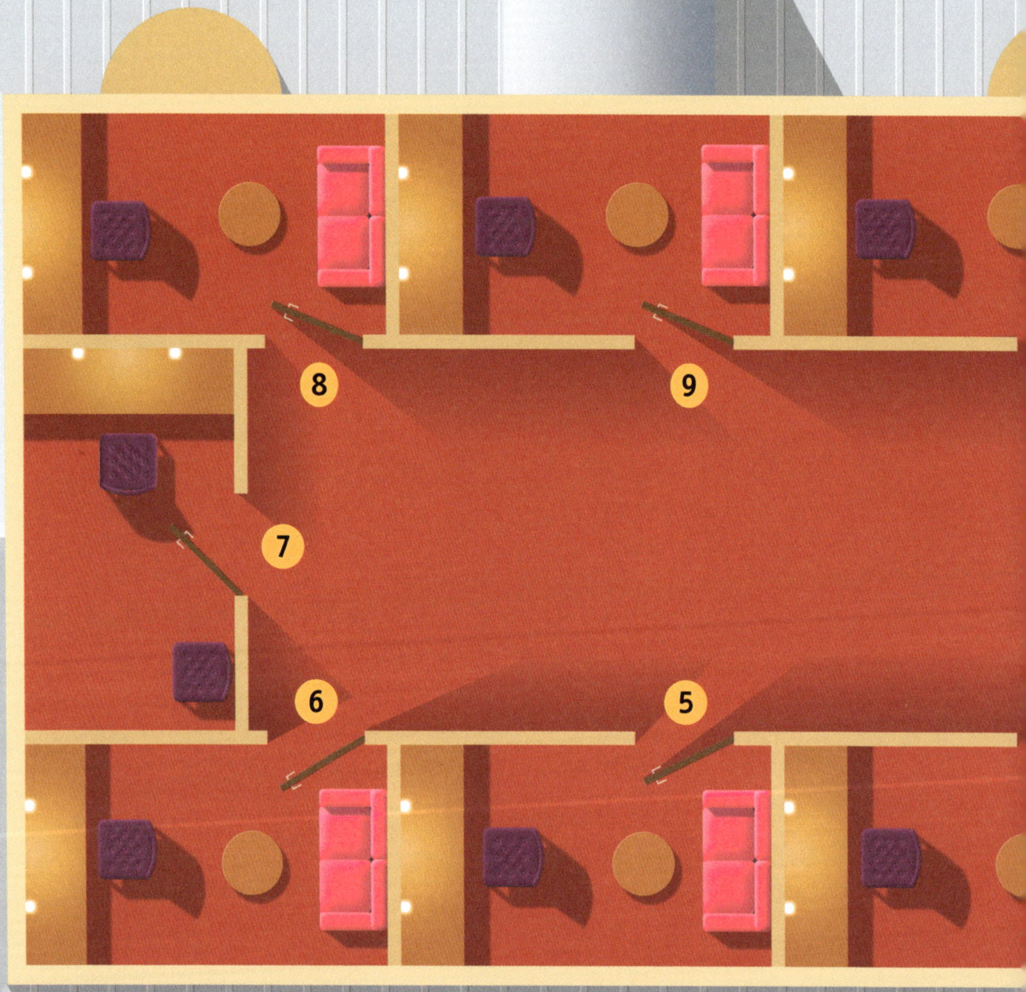

INDICE 5

Tous les suspects ont été interrogés et ils t'ont donné leurs emplois du temps au moment des faits ainsi que leurs numéros de loge. Grâce à leurs dépositions, déduis lequel se trouvait dans la loge n°7, trop loin de celle de Maria Melécasse pour avoir le temps de commettre son forfait. Quand tu l'auras découvert, tu pourras l'innocenter.

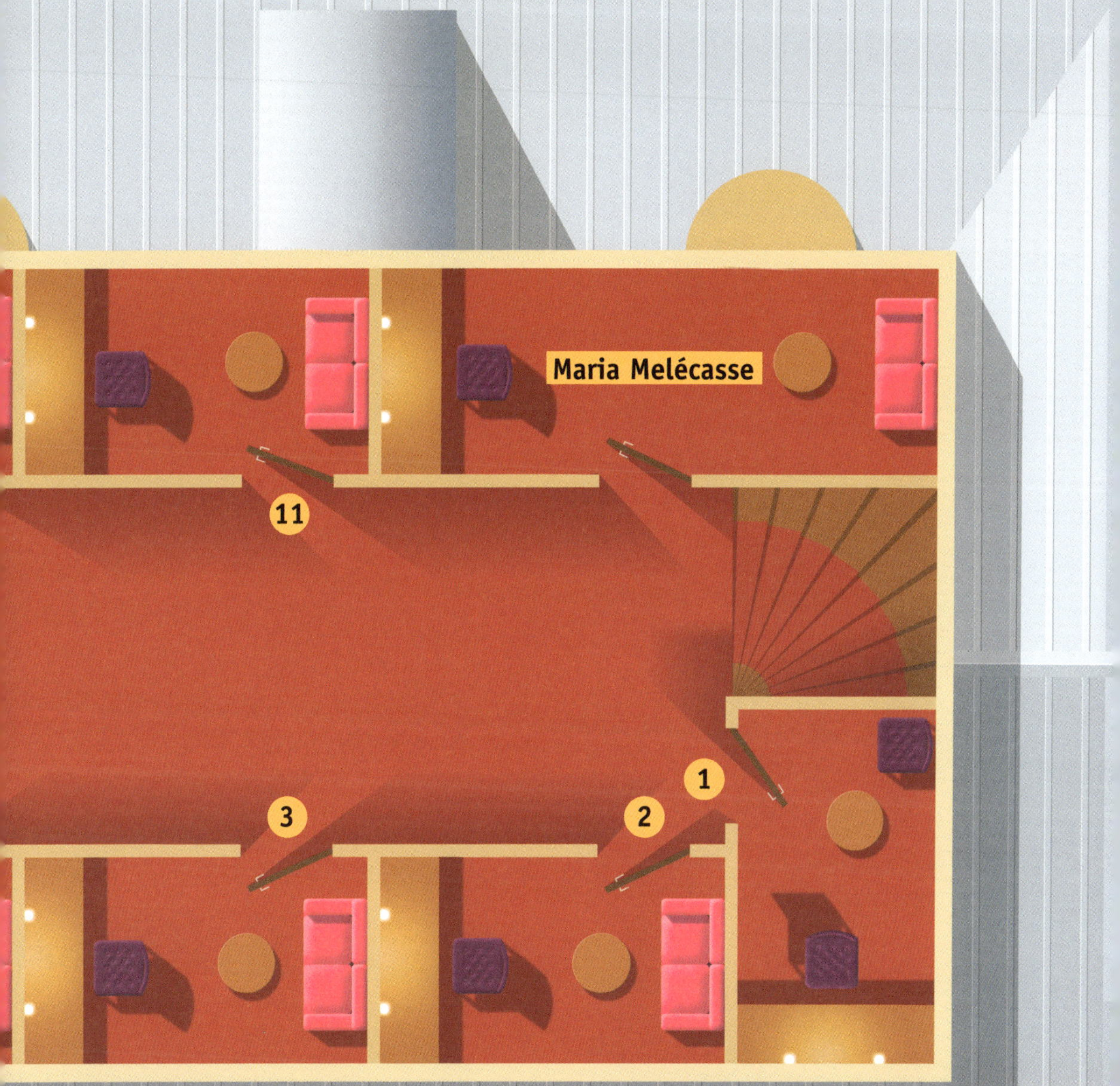

Jean Sérien : *« Ma loge n'est pas à côté de celle de Gaspard Halizan mais à côté de celle de James Ségenoux. »*
Jo Raitapo : *« Ma loge est à côté de celle de Jean Sérien. »*
Alonzo Balmaské : *« Ma loge est en face de celle de Marsha Pill et à côté de celle d'Irma Missa. »*
Gaspard Halizan : *« Ma loge n'est ni à côté de celle de Jean Sérien ni de celle de Marsha Pill. »*
Irma Missa : *« Ma loge est à côté de celle de Bruno Zieuvert. »*
Cathy Miny : *« Ma loge est sur le côté gauche en montant l'escalier et à côté de celle d'Yvan Dressamère. »*
James Ségenoux : *« Ma loge est entre celle de Marsha Pill et celle de Jean Sérien. »*
Marsha Pill : *« Ma loge est juste à côté de celle de Maria Melécasse. »*
Paul Hichinel : *« Ma loge est à côté de celle de Cathy Miny. »*
Yvan Dressamère : *« Ma loge est en face de celle de James Ségenoux. »*
Bruno Zieuvert : *« Ma loge est à côté de celle d'Irma Missa. »*

INDICE 6

Un costume fabriqué à partir des morceaux de ceux portés par les suspects a été découvert. En observant la photo de la reconstitution, trouve le costume qui n'a pas servi. C'est celui que porte un innocent.

INDICE 7

En passant au peigne fin la loge de la cantatrice, un de ses colliers en diamants a été retrouvé cassé, avec une pierre précieuse manquante. Retrouve-la car son numéro est le même que celui de la rue où habite un innocent.

INDICE 8

Le coupable a laissé des traces de pas dans la loge de Maria Melécasse. Malheureusement ce ne sont pas les seules… En observant les semelles des chaussures des artistes, découvre celle dont les empreintes manquent dans ce méli-mélo. Le numéro correspondant désigne son propriétaire.

INDICE 9

Lors de son interrogatoire, le metteur en scène de l'opéra a décrit très précisément la première personne entrée sur scène. Grâce à sa déposition, retrouve quel est cet artiste que tu pourras disculper.

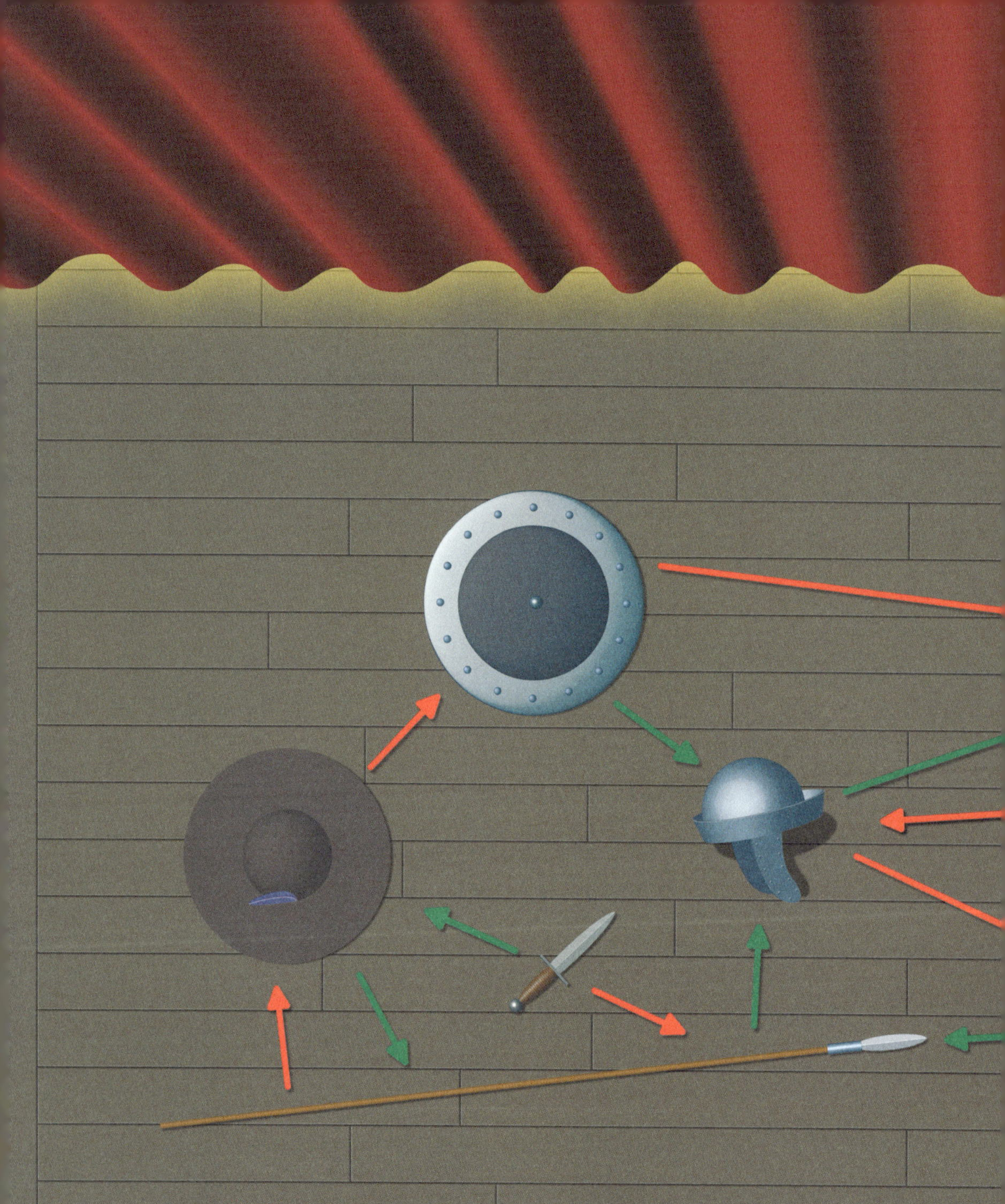

INDICE 10

Après avoir interrogé tous les suspects de cette affaire, tu perquisitionnes la scène de l'opéra à la recherche d'indices qui te premettront de résoudre cette énigme. Lis les comptes rendus de ces interrogatoires. Place-toi sur le poignard et si la déclaration du suspect est vraie, suis la flèche verte pour aller à l'accessoire suivant. Si la déclaration est un mensonge, suis la flèche rouge. Le dernier accessoire auquel tu arriveras appartient à un innocent.

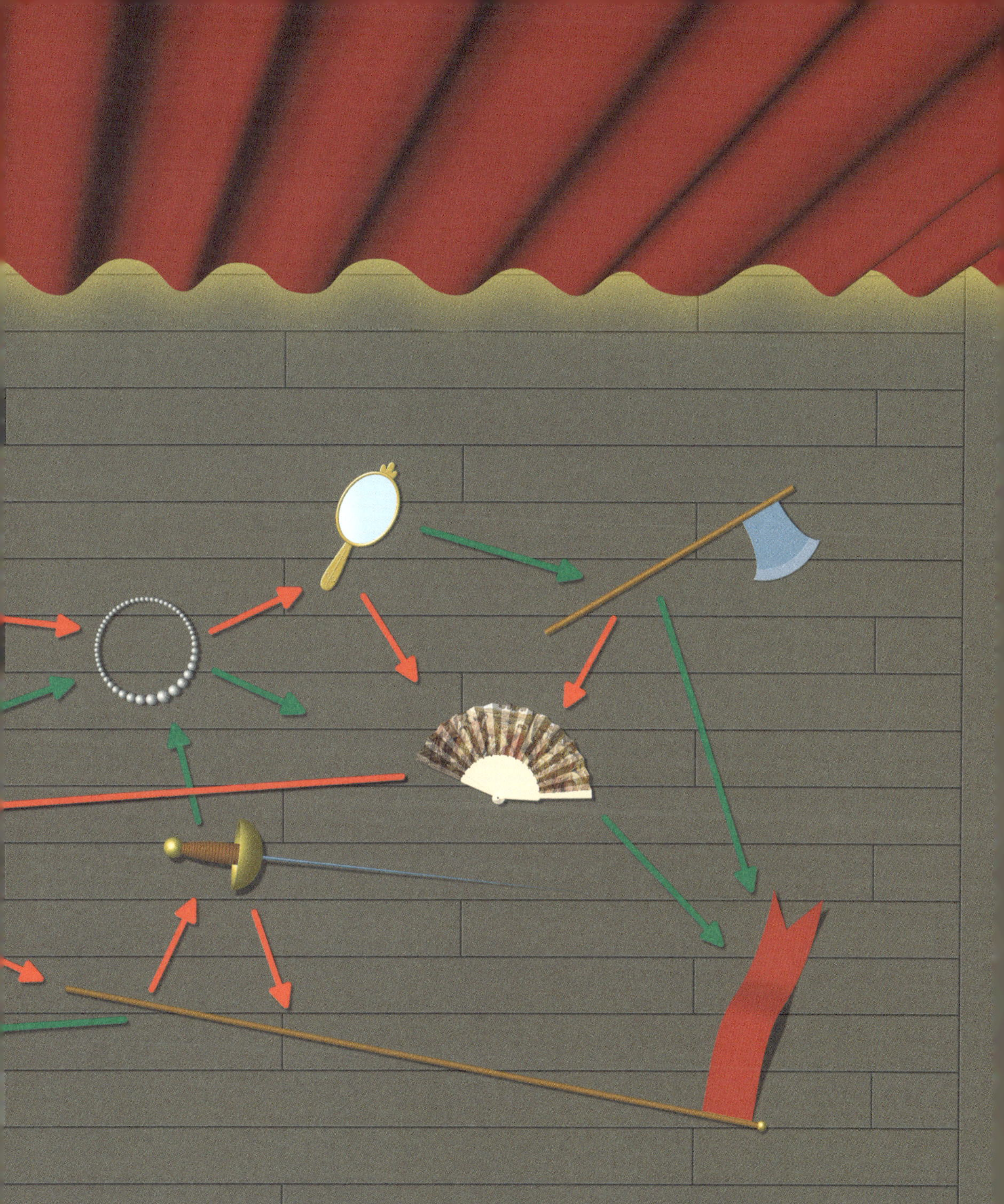

Irma Missa : *« Je suis la plus petite femme de la troupe. »*
Cathy Miny : *« La ville où j'habite est plus grande que celle où vit James Ségenoux. »*
Paul Hichinel : *« Sur scène, je me trouvais près de Marsha Pill. »*
Yvan Dressamère : *« Dans cet opéra, j'avais un des rôles principaux. »*
Gaspard Halizan : *« Je suis plus petit que Jo Raïtapo. »*
Jean Sérien : *« Pour mon rôle, je ne porte pas d'arme. »*
James Ségenoux : *« Je suis plus âgé que Jean Sérien. »*
Marsha Pill : *« Je n'habite pas à la montagne. »*

IDENTIFICATION

Bravo !
Tous les indices récoltés t'ont permis d'innocenter un à un les suspects. Tu peux maintenant démasquer le coupable qui a saboté le récital. Pour vérifier si tu as arrêté le bon, place le livre face à un miroir…

Indice 1 : Paul Hichinel (drapeau). • Indice 2 : Jean Sérien (« Celui qui est le plus petit ne peut pas être coupable »). • Indice 3 : Irma Missa. • Indice 4 : Yvan Dressamère (bouclier). • Indice 5 : Gaspard Halizan. • Indice 6 : Cathy Miny. • Indice 7 : Jo Raitapo. • Indice 8 : Bruno Zieuvert. • Indice 9 : James Ségenoux. • Indice 10 : Alonzo Balmaské (casque).

Le coupable est donc…

L'ÉLÉPHANT JOUE À CASSE-CASSE

Catastrophe au cirque *Ulaire*

Rando, l'éléphant du cirque *Ulaire*, paniqué par des souris, s'est échappé de son enclos en cassant tout sur son passage. C'est à coup sûr un visiteur qui les a fait entrer lors de la visite. Était-ce pour faire une farce ou pour nuire au cirque ? Dans tous les cas, les dégats sont très importants, et ça risque de coûter très cher au cirque *Ulaire* si le coupable n'est pas rapidement arrêté. Nul doute qu'avec les indices laissés derrière lui, l'enquête permettra de l'identifier.

Il s'introd… appartem… une dind… congélat…

Mardi dernie… homme fait… tement d'ur… de la dinde… congélateu… Ce vol spe… sous les ye… une mère… police a… n'auraie… physiqu… La mère… connaî… recher… mètre… appro…

De… se… n… i…

D… l'… t…

Grande-Bretagne : une grand-mère condamnée pour la vente illégale d'un poisson rouge

La propriétaire d'une animalerie, Emma Mèmepavus, 66 ans, a été condamnée pour avoir vendu par erreur un poisson rouge à un garçon de 14 ans.

Mère de deux enfants et trois fois grand-mère, Mme Mèmepavus dirige une animalerie depuis plus de 28 ans et n'a jamais eu d'ennuis auparavant. Cette triple sentence l'a donc complètement désemparée. Membre actif d'un dispen… …animaux malades, elle a … …nte d'un

…eux en imitant un ch… …t alors d…

Photo de la reconstitution

U L A
CIRQUE
ULAIRE

Anatole ONDULAY
45 ans
1,73 m
Boucher
41 rue Émile Boudin
ROUEN
1
André SANFRAPÉ
38 ans
1,68 m
Instituteur
123 rue de la Punition
BOURGES
2
Yves REMORT
31 ans
1,66 m
Pianiste
8 rue du Bach
BREST
3
Hubert PALNORD
27 ans
1,70 m
Arbitre
97, rue du Carton Rouge
LENS
4
Modeste HOMA
62 ans
1,71 m
Agent immobilier
17 rue Gourbit
DOLE
5
Nicole APAPIÉPINT
37 ans
1,63 m
Coiffeuse
21 rue du Général Brushing
ROUBAIX
6

Sam AGASSE
42 ans
1,73 m
Facteur
125 rue du Retard
BIARRITZ
7
Andy ZANSSA
50 ans
1,72 m
Garagiste
124 rue Stine
FIGEAC
8
Humphrey BIENRIGOLET
48 ans
1,70 m
Libraire
62 rue du Chat Pitre
STRASBOURG
9
José PALAFÈRE
49 ans
1,74 m
Barman
18 rue du Coq Tel
TROYES
10
Paul POSITION
43 ans
1,67 m
Déménageur
71 rue Biscotto
BORDEAUX
11
LES SUSPECTS

INDICE 1

Le costume de scène du clown a été sacagé. Les carreaux de son manteau ont servi de grille pour créer des mots croisés. Retrouve les noms d'animaux cachés et note les lettres qui n'ont pas été utilisées. En les remettant dans l'ordre, tu pourras découvrir le nom d'un objet qui appartient à un innocent.

INDICE 2

Plusieurs témoins oculaires ont vu un suspect quitter la ménagerie en courant.
Leurs dépositions sont tellement contradictoires que le portrait-robot du fugitif a été réalisé à l'envers… En effet, un seul suspect n'a aucun point commun avec cette image.
Retrouve-le car il est innocent.

INDICE 3

Plusieurs clés ont été retrouvées éparpillées dans la ménagerie. Seule l'une d'entre elles permet d'ouvrir le cadenas qui ferme l'enclos de l'éléphant. Retrouve-la car son numéro est le même que celui d'un suspect innocent.

INDICE 4

Max Imome a mis en place un numéro de jonglage très impressionnant. Compte le nombre d'objets différents qu'il utilise. Sois très observateur car certains se ressemblent beaucoup mais ont une légère différence. Les chiffres que tu obtiendras sont contenus dans le numéro de la rue où habite un innocent.

INDICE 5

Voici les comptes rendus des interrogatoires des suspects. Certains ne semblent pas dire toute la vérité. Analyse dans l'ordre les déclarations ci-contre et détermine le vrai du faux. Pars du léopard et déplace-toi selon les indications.

- Si un suspect dit la vérité, passe au fauve suivant en tournant dans le sens des aiguilles d'une montre.
- Si un suspect ment, passe au fauve suivant en tournant dans le sens inverse des aiguilles d'une montre.

Tu arriveras alors à un félin dont le nom commence par la même lettre que la ville où habite un innocent.

André Sanfrapé : *« Je travaille avec des enfants. »*
Paul Position : *« Je suis costaud. »*
Modeste Homa : *« Je suis plus grand qu'Humphrey Bienrigolet. »*
Andy Zanssa : *« Je suis imberbe. »*
Yves Remort : *« Je n'habite pas au bord de la mer. »*
Nicole Apapiépint : *« Je suis très maladroite avec des ciseaux. »*
Anatole Ondulay : *« Je suis végétarien. »*
Hubert Palnord : *« Je suis innocent. »*
José Palafère : *« Je ne suis pas plus vieux que Modeste Homa. »*
Humphrey Bienrigolet : *« J'habite au nord de la Loire. »*

INDICE 6

Le coupable a laissé des traces de pas en s'enfuyant entre les caravanes. Mais ce ne sont pas les seules… En observant les semelles des chaussures des suspects, retrouve celles dont les empreintes manquent dans ce méli-mélo. Son numéro est le même que celui d'un suspect qui n'y est pour rien dans cette affaire.

INDICE 7

Témoin de la scène, le dresseur d'éléphant Alorlaji Vépah ne parle malheureusement pas bien le français. Pour comprendre son témoignage, démarre de la lettre L puis isole une lettre sur trois et reconstitue la phrase qui te permettra de trouver l'indice qui disculpera un suspect.

INDICE 8

Dans sa fuite, l'éléphant a fait beaucoup de dégâts. Voici quelques morceaux d'objets récoltés sur son parcours. Assemble-les deux par deux et relève ceux qui ne permettent pas de former un objet complet. Additionne les numéros correpondants pour obtenir l'âge d'un innocent.

INDICE 9

Le coupable a saboté le camion garé devant tous les autres véhicules du cirque pour l'empêcher de démarer et ainsi d'être poursuivi. Retrouve les fils du tableau de bord sectionnés et note leurs couleurs. Elles sont identiques à celles des vêtements d'un innocent.

INDICE 10

Pour s'enfuir, l'auteur des faits a essayé de voler une des voitures garées sur le parking du cirque. Maintenant que neuf suspects ont été innocentés, suis les instructions pas à pas pour la retrouver car les lettres de sa plaque d'immatriculation sont les mêmes que les initiales du dernier innocent de cette enquête.

1. Trouve d'abord la voiture dont le modèle est unique. **2.** Trouve celle dont la plaque d'immatriculation a les mêmes lettres que celles de la voiture n° 1. **3.** Trouve la voiture qui est

de la même couleur que la voiture n° 2. **4.** Trouve celle qui est du même modèle que la voiture n° 3. **5.** Trouve la voiture dont la plaque d'immatriculation commence par le même nombre que la n° 4. **6.** Trouve la voiture qui est du même modèle que la voiture n° 5 mais d'une couleur différente. **7.** Enfin, trouve la voiture de la même couleur que la voiture n° 6 mais garée dans le sens inverse. C'est celle-ci que le voleur a essayé de voler pour s'échapper.

IDENTIFICATION

Bravo !

Tous les indices récoltés t'ont permis d'innocenter un à un les suspects. Tu peux maintenant démasquer le coupable du bazar de la ménagerie. Pour vérifier si tu as arrêté le bon, place le livre face à un miroir…

Indice 1 : Modeste Homa (parapluie). • Indice 2 : Yves Remort • Indice 3 : Hubert Palnord. •
Indice 4 : Sam Agasse (15). • Indice 5 : José Palafère (Tom). • Indice 6 : André Santrapé. •
Indice 7 : Nicole Apapiépint (« Le coupable ne peut pas être une femme car elles ont peur des souris ! »). • Indice 8 : Humphrey Bienrigolet (1 + 9 + 10 + 4 + 8 + 5 + 3 + 2 + 6 = 48). •
Indice 9 : Paul Position (vert, jaune et rouge). • Indice 10 : Anatole Ondulax
Le coupable est donc...

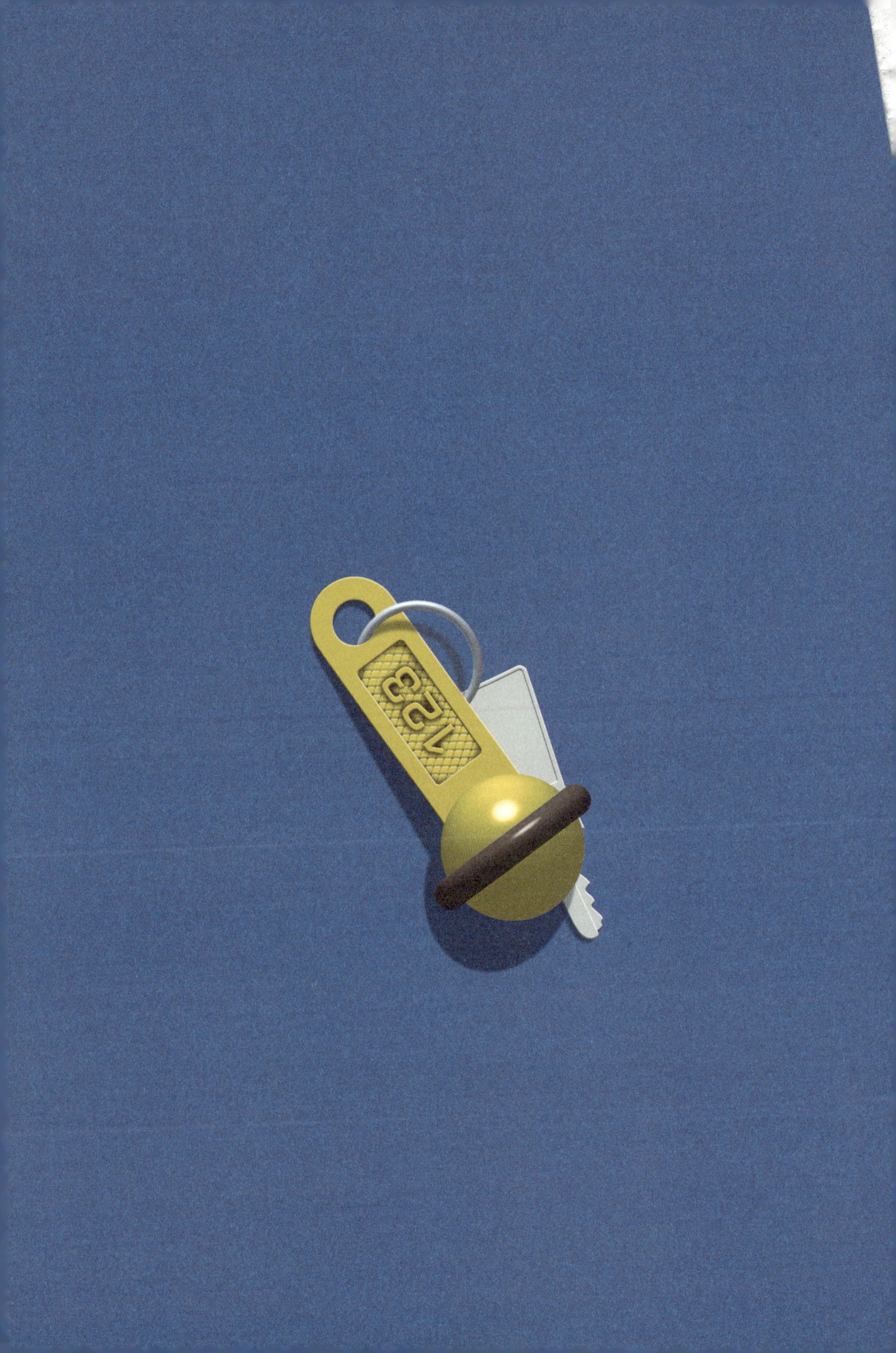

DOUCHE LOUCHE

Alors qu'il était en train de prendre une douche dans sa suite de l'hôtel *Haifonne*, Aubin Didont, le roi de la pince à linge, s'est retouvé coincé à l'intérieur tandis que le robinet continuait de déverser de l'eau froide sans qu'il puisse l'arrêter. C'est seulement au bout de plusieurs longues minutes que les femmes de chambre l'ont retrouvé complètement choqué et immergé dans sa cabine de douche. Il est de notoriété publique qu'après être tombé à l'âge de 3 ans dans la lessiveuse de sa grand-mère, Aubin Didont n'aime pas l'eau. Hasard du destin ou conjuration du sort, il est devenu le plus grand fabricant de pinces à linge du monde. D'après les premiers éléments recueillis, il ne fait aucun doute qu'il s'agit d'un sabotage. Qui pouvait lui en vouloir à ce point ? Quel était son motif ? Ses ennemis sont nombreux comme les membres de la filière du bois d'allumettes qui l'accusent depuis longtemps de s'accaparer tout le bois, ou encore les sympathisants du bois de bâtons d'esquimaux qui se plaignent de ne plus avoir assez de matière première. Seule une enquête minutieuse permettra de faire toute la lumière sur cette affaire.

Photo de la reconstitution
TOX
IL A FAILLI NE PLUS FOUILLER !
LE RAGOGO
PLUS ÇA VA MOINS SA VOIR !

LE RAGOGO

Marin Dodousse
41 ans
1,73 m
Médecin
102 rue Danlébrancart
ROUEN
1
Luc SAMBOURT
32 ans
1,70 m
Pilote de ligne
26 impasse Lemurdusso
ANGERS
2
Anna BAULIZAN
36 ans
1,61 m
Réceptionniste
3 rue Ella-Léclé
TOURS
3
Romain BALADEUZE
52 ans
1,67 m
Producteur de cinéma
5 rue Max de Pognon
PARIS
4
Agnès MOYTRANKIL
40 ans
1,62 m
Femme de chambre
217 rue de la Déesse-Kha
LYON
5
Massoud HABAGAGE
28 ans
1,66 m
Footballeur
97 impasse Mandejambe
MARSEILLE
6

Dick SÉPAVRET
55 ans
1,80 m
Entrepreneur
44 rue de l'Abbé Tonière
BORDEAUX
7
Oreste ALAMÉZON
59 ans
1,63 m
Banquier
66 avenue Mismatte
ORLÉANS
8
Sheila DÈCHE
53 ans
1,60 m
Cantatrice
81 rue Cassey
NICE
9
Humphrey BIENHUNCINÉ
33 ans
1,65 m
Acteur
4 rue Dugey-Nérick
DEAUVILLE
10
Hans KHIMKONCERN
60 ans
1,71 m
Rentier
8 rue Jean Nédupognon
CANNES
11
LES SUSPECTS

INDICE 1

Sur ce tableau sont accrochées certaines clefs des chambres de l'hôtel. Dans chaque rangée, les numéros des clefs obéissent deux par deux à la même logique mathématique. Trouve-la et déduis-en les numéros des clefs manquantes. Additionne-les pour obtenir l'âge d'un des suspects que tu pourras innocenter.

INDICE 2

Ces valises appartenant aux suspects ont été gardées par la police comme pièces à conviction. Détermine celle qui correspond aux renseignements ci-dessous. Son numéro est identique à celui d'un innocent.

- Ce n'est pas la plus grande des valises.
- Elle a deux fermoirs.
- Elle n'a pas d'étiquette.
- Elle ferme à clef.
- Sa poignée est de la même couleur que la valise.
- Elle est d'une couleur unie.
- Ce n'est pas la plus profonde.
- Elle est de la même couleur qu'au moins deux autres valises.
- Sa poignée est arrondie.
- Elle n'a presque jamais été utilisée pour voyager.

INDICE 3

Voici le petit déjeuner servi dans toutes les chambres. Inscris le nom de chaque aliment ou objet dans la grille et relève les lettres se trouvant dans les cases jaunes. En les remettant dans l'ordre, tu peux composer le nom d'un indice et innocenter un suspect.

INDICE 4

Le dépliant publicitaire de l'hôtel *Haifonne* a été retrouvé déchiré. Trouve combien de morceaux ne font pas partie du dépliant original. Ce chiffre est contenu dans le numéro de la rue où habite un innocent.

INDICE 5

Voici les comptes rendus des interrogatoires des suspects. Certains ne semblent pas dire toute la vérité. Analyse dans l'ordre les déclarations ci-contre et détermine le vrai du faux. Pars de la fenêtre dont les rideaux sont fermés et suis les instructions pour arriver à la fenêtre de la chambre d'un innocent : son numéro est équivalent à sa taille en centimètres.

- Si un suspect dit toute la vérité, déplace-toi vers la fenêtre à gauche de ta position.
- Si un suspect ne dit que des mensonges, déplace-toi vers la fenêtre à droite.
- Si un suspect dit la vérité puis un mensonge, déplace-toi vers la fenêtre au-dessus.
- Si un suspect dit un mensonge puis la vérité, déplace-toi vers la fenêtre au-dessous.

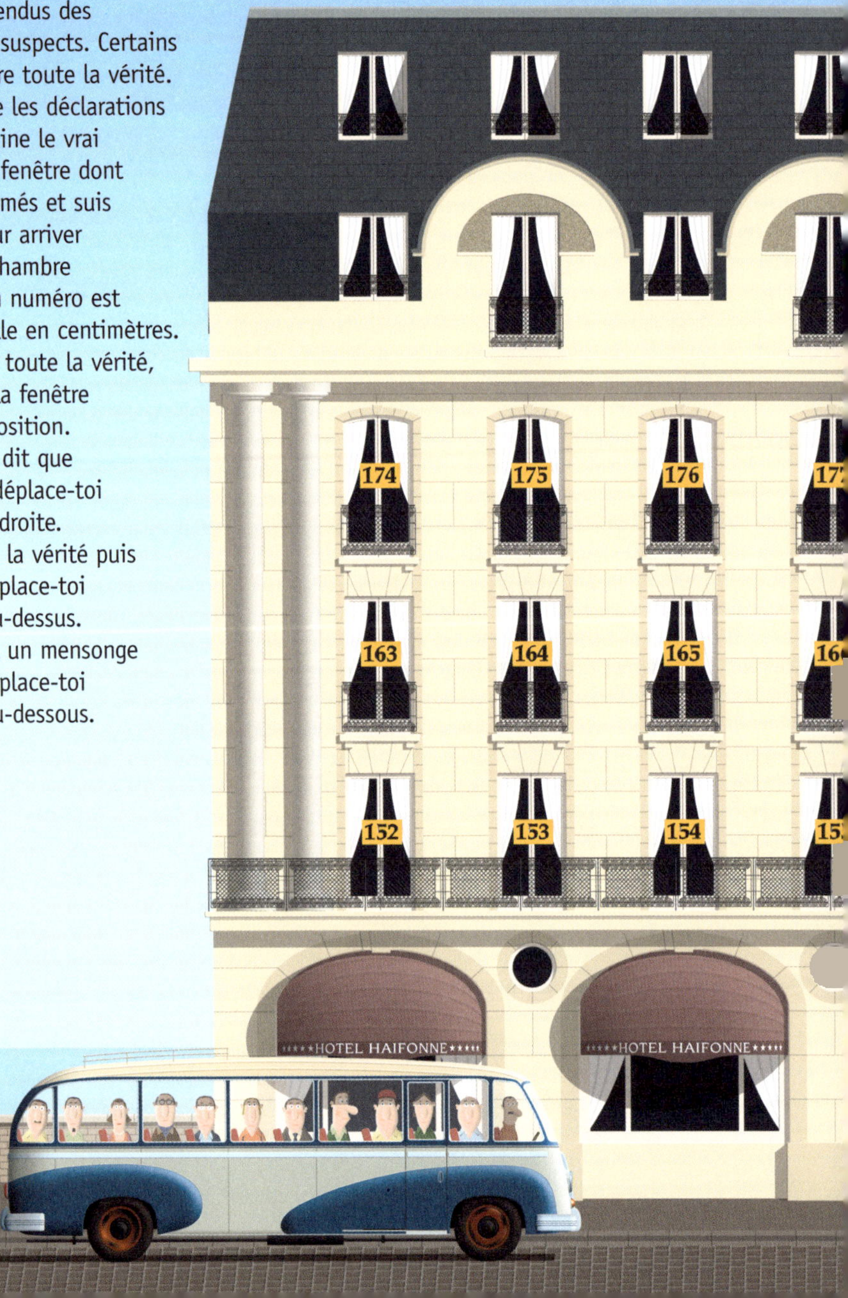

Marin Dodousse : *« Je porte un couvre-chef et je ne suis pas le plus grand. »*
Luc Sambourt : *« J'aime les avions et je n'habite pas au sud de la Loire. »*
Anna Baulizan : *« J'ai une très bonne vue et je suis la plus jeune des femmes. »*
Romain Baladeuze : *« J'habite un village et j'exerce un travail manuel. »*
Agnès Moytrankil : *« Je suis la plus grande et la plus âgée de tous. »*
Massoud Habagage : *« Je n'ai jamais fait de sport et j'habite à la montagne. »*
Dick Sépavret : *« Je suis le plus grand et le plus âgé. »*
Oreste Alamézon : *« J'habite loin de la mer et je n'aime pas l'argent. »*
Sheila Dèche : *« Je n'ai pas de voix et je ne porte jamais de bijoux. »*
Humphrey Bienhunciné : *« Je suis imberbe et je sais jouer la comédie. »*
Hans Khimkoncern : *« J'habite au bord de la mer et je ne travaille pas. »*

INDICE 6

L'examen de leurs emplois du temps a montré que dans les minutes qui ont précédées le sabotage, tous les suspects ont emprunté l'ascenseur. Grâce aux dépositions recueillies auprès des témoins, découvre quel suspect est monté le plus haut car il est innocent.

« Marin Dodousse est monté deux étages plus haut que Romain Baladeuze. »

« Anna Baulizan est montée deux étages plus haut que Hans Khimkoncern. »

« Agnès Moytrankil est montée trois étages plus haut que Dick Sépavret. »

« Oreste Alamézon est monté deux étages plus haut que Romain Baladeuze. »

« Luc Sambourt est monté un étage plus haut qu'Oreste Alamézon.

« Massoud Habagage est monté un étage plus haut que Hans Khimkoncern. »

« Anna Baulizan est montée deux étages plus haut que Dick Sépavret. »

« Sheila Dèche est montée un étage plus haut que Massoud Habagage. »

« Humphrey Bienhunciné est monté un étage plus haut que Dick Sépavret. »

« Agnès Moytrankil est montée deux étages plus haut que Romain Baladeuze. »

« Massoud Habagage est monté un étage plus haut que Dick Sépavret. »

INDICE 7

La perquisition a permis d'établir la liste précise des meubles et objets de la chambre où a eu lieu la catastrophe aquatique. Note leurs noms et trouve l'initiale la plus utilisée. Cette lettre est la même que l'initiale du nom de la ville où habite un innocent.

INDICE 8

Une caméra de surveillance a enregistré les allées et venues dans le couloir desservant la chambre d'Aubin Didont peu de temps avant les faits. Malheureusement, cette image est floue. En l'examinant avec soin, retrouve quel suspect n'était pas présent pour l'innocenter.

INDICE 9

Voici une photo de la victime à son arrivée à l'hôtel. D'après les dépositions des témoins, il apparaît que seul un des suspects ne possède aucun détail physique ou vestimentaire en commun avec Aubin Didont. Retrouve-le, il est innocent.

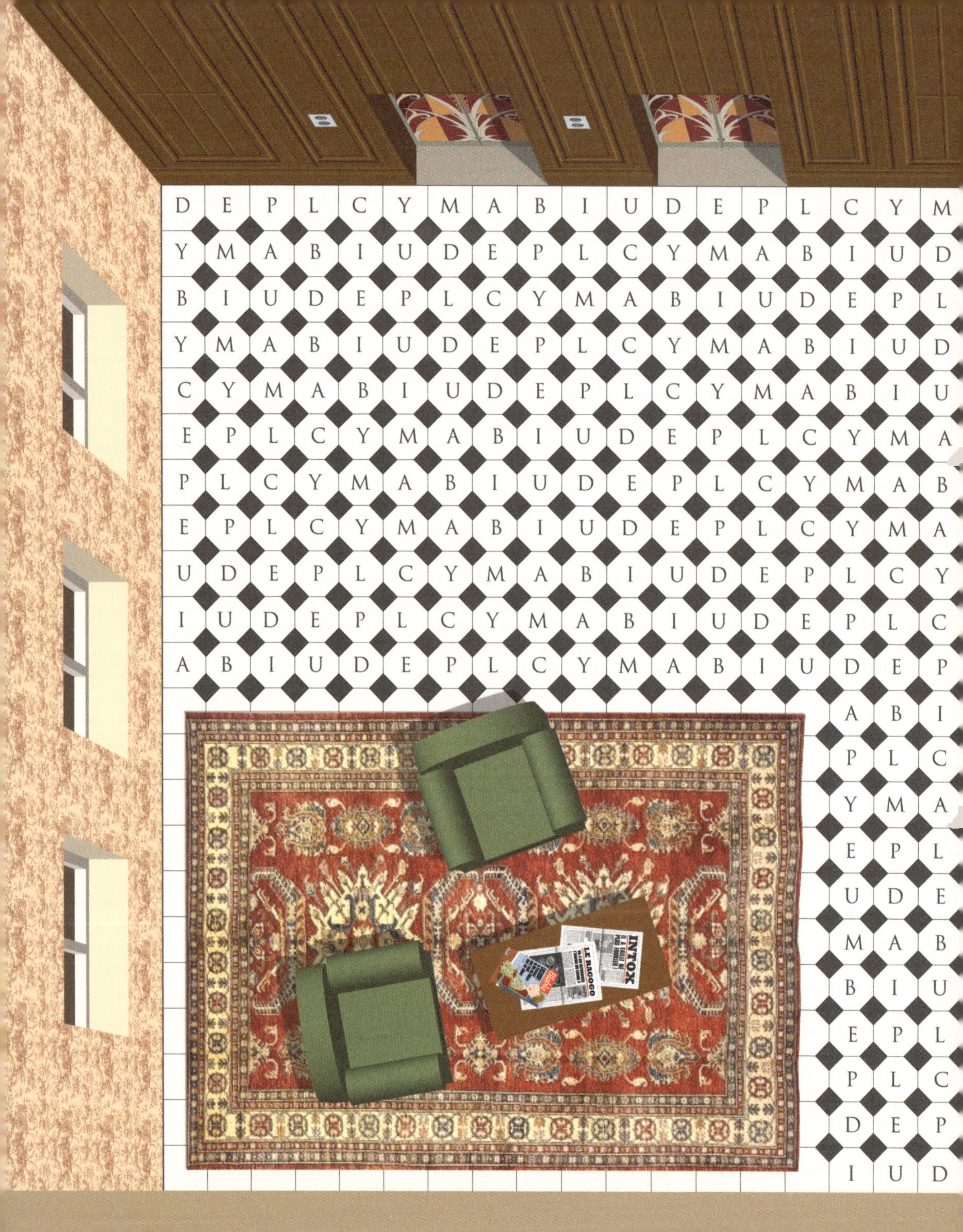

INDICE 10

La déposition de la victime a permis de reconstituer son itinéraire lors de son passage dans la salle de réception de l'hôtel. Suis le sens des flèches ci-contre en commençant par la jaune et parcours la salle de carreau en carreau en commençant par celui qui est rouge. Note la lettre qui se trouve sur le carreau clôturant le parcours, elle est identique à la troisième lettre du nom de famille du dernier innocent.

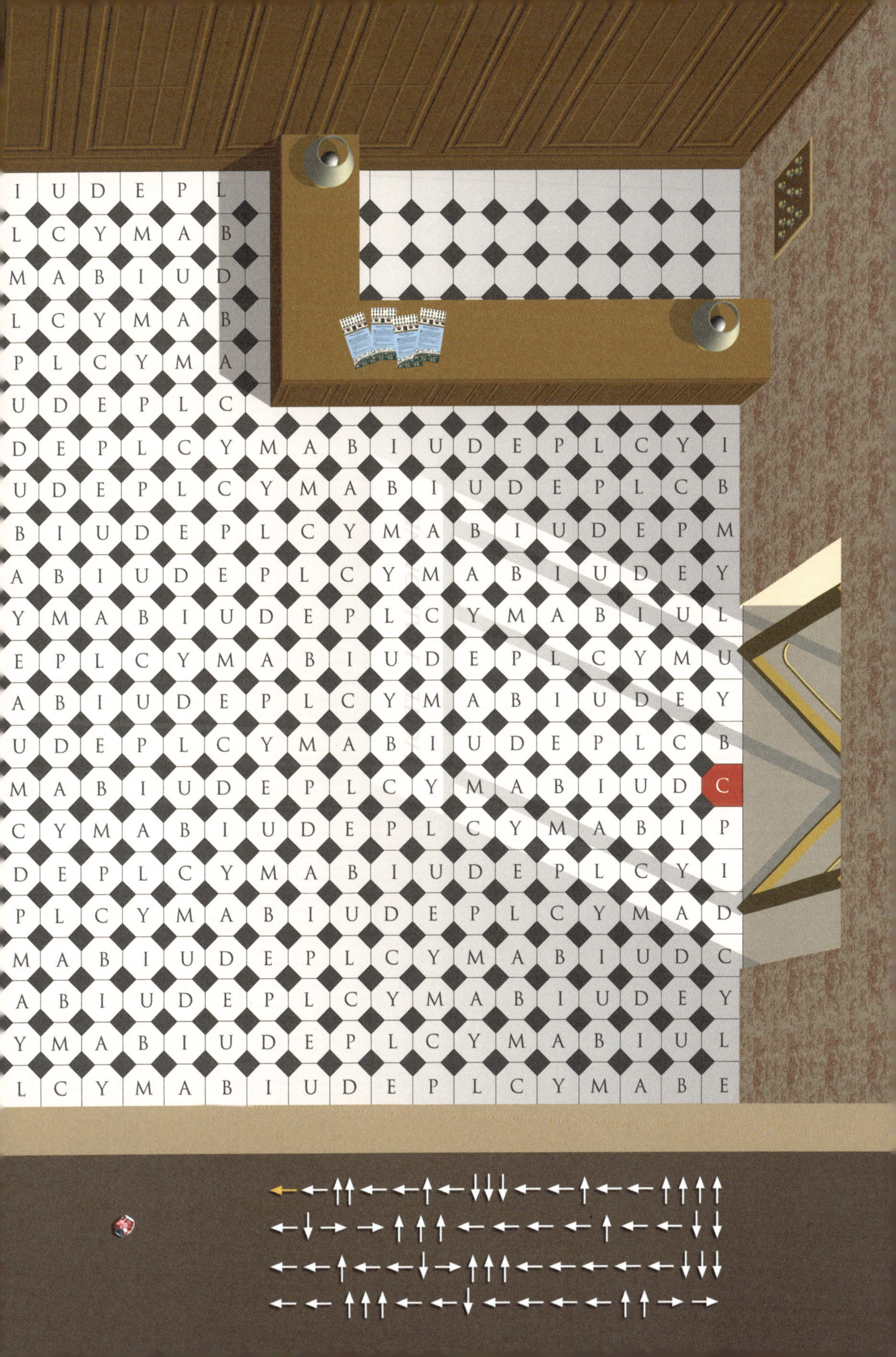
I U D E P L
L C Y M A B
M A B I U D
L C Y M A B
P L C Y M A
U D E P L C
D E P L C Y M A B I U D E P L C Y I
U D E P L C Y M A B I U D E P L C B
B I U D E P L C Y M A B I U D E P M
A B I U D E P L C Y M A B I U D E Y
Y M A B I U D E P L C Y M A B I U L
E P L C Y M A B I U D E P L C Y M U
A B I U D E P L C Y M A B I U D E Y
U D E P L C Y M A B I U D E P L C B
M A B I U D E P L C Y M A B I U D C
C Y M A B I U D E P L C Y M A B I P
D E P L C Y M A B I U D E P L C Y I
P L C Y M A B I U D E P L C Y M A D
M A B I U D E P L C Y M A B I U D C
A B I U D E P L C Y M A B I U D E Y
Y M A B I U D E P L C Y M A B I U L
L C Y M A B I U D E P L C Y M A B E

IDENTIFICATION

Bravo !
Tous les indices récoltés t'ont permis d'innocenter un à un les suspects.
Tu peux maintenant démasquer le coupable de la tentative de noyade.
Pour vérifier si tu as arrêté le bon, place le livre face à un miroir…

Indice 1 : Humphrey Bienhunciné (5 = 1 + 1 + 3 / 16 = 2 x 8 / 12 = [1 + 2] x 4). • Indice 2 : Sheila Dèche (9). •
Indice 3 : Marin Dodousse (chapeau). • Indice 4 : Romain Baladeuze (5). • Indice 5 : Hans Khimkoncern (171). •
Indice 6 : Luc Sambourt. • Indice 7 : Anna Baulizan (T). • Indice 8 : Oreste Alamèzon. • Indice 9 : Agnès Moytrankil. •
Indice 10 : Dick Sépavret (P).
Le coupable est donc…

LE RAGO

TOUR DE PASSE-PASSE PENDANT LE TOUR DE CHANT

Il était 22 h 30, lorsqu'une coupure d'électricité plongea dans le noir la grande salle de concert du paquebot le *Pacific*, où la vedette de music-hall Barbara Stressante terminait son récital. Profitant de ces quelques minutes de panique, un cambrioleur s'est introduit dans la salle du coffre-fort pour le crocheter et s'emparer des grosses sommes d'argent déposées par les passagers pendant leur croisière.

D'après les premiers éléments de l'enquête, le voleur a réussi à quitter la salle de spectacle en toute discrétion pour commettre son méfait. Une photo prise juste avant le début du concert par un journaliste a permis de déterminer l'identité des passagers qui composaient le public et ainsi de dresser la liste des suspects. Grâce aux indices recueillis, nul doute que l'on va rapidement retrouver le voleur.

S.
h
c
e
d

Hels
Skyt
ans
polic
sur l'
turett
polici
de se
mais
devant
L'officie
l'homme
compétit
Il n'avait
de jeter le
qui jonch
de la voitu
propos in
expliqué qu
chez lui, à
golf, avec
reconnu avo
ne se sentait

Deux a
grands
champ
de bo

Photo de la reconstitution

Gaétan DECHIEN
51 ans
1,72 m
Chimiste
11 rue Saboum
LENS
3
Mady RIENHALORS
42 ans
1,72 m
Agente immobilière
12 rue William Loft
SOISSONS
1
Antonin DEJARDIN
65 ans
1,78 m
Docteur
36 rue Pabien
DIJON
7
Patty ÉPATATA
39 ans
1,79 m
Styliste de mode
48 rue Dussac
QUIMPER
9
Sally COMANTIVA
32 ans
1,81 m
Chanteuse
33 rue Sabraille
NANCY
10
Omer DALORS
72 ans
1,67 m
Écrivain
24 rue du Chat Pitre
ROMANS
2

Gigi RETOURNE
48 ans
1,69 m
Avocate
66 rue Cépaluit
PERPIGNAN
6
Alex BLAISE
54 ans
1,80 m
Pilote d'avion
55 rue Charly Tango
TOULON
8
Vladislav PASSOUVAN
62 ans
1,70 m
Joueur de poker
88 rue Eugène Magot
PARIS
11
Gérard MANVUSSA
45 ans
1,76 m
Banquier
63 rue Duflouze
ANGOULÊME
4
Babette DUTOUT
36 ans
1,73 m
Informaticienne
42 rue Walter Bug
MARSEILLE
5
LES SUSPECTS

INDICE 1

Voici l'affiche du concert donné par Barbara Stressante le soir du vol. Dans chaque titre de chanson, les deux mots écrits en jaune ont toutes leurs lettres en commun… sauf une. Note ces 7 lettres et remets-les dans l'ordre pour retrouver le métier d'un innocent.

INDICE 2

La salle où se trouvait le coffre-fort a été passée au peigne fin. En analysant au microscope les particules découvertes et en observant la photo de reconstitution ainsi que le tableau d'identification, relie chacune d'entre elles à un suspect. L'un d'entre eux n'était pas présent sur les lieux et n'a donc laissé aucune trace. Trouve-le pour l'innocenter.

INDICE 3

Les clés utilisées par le cambrioleur pour ouvrir le coffre ont été retrouvées. Compare les serrures avec le profil des clés pour trouver les 4 qui ne correspondent pas aux trous des serrures. Additionne leurs chiffres pour obtenir le numéro d'un suspect qui est innocent.

INDICE 4

Dans sa fuite, le voleur a fait tomber le papier sur lequel il avait noté la combinaison du coffre. Commence par la lettre **A** et suis les instructions pour obtenir les 7 autres. En les mettant dans le bon ordre tu pourras composer le nom d'un objet appartenant à un innocent.

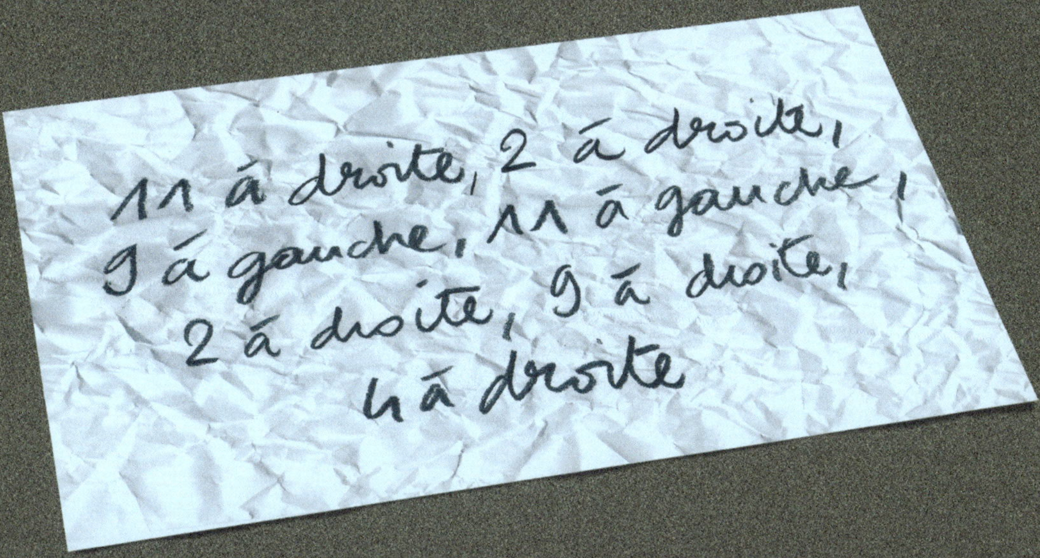

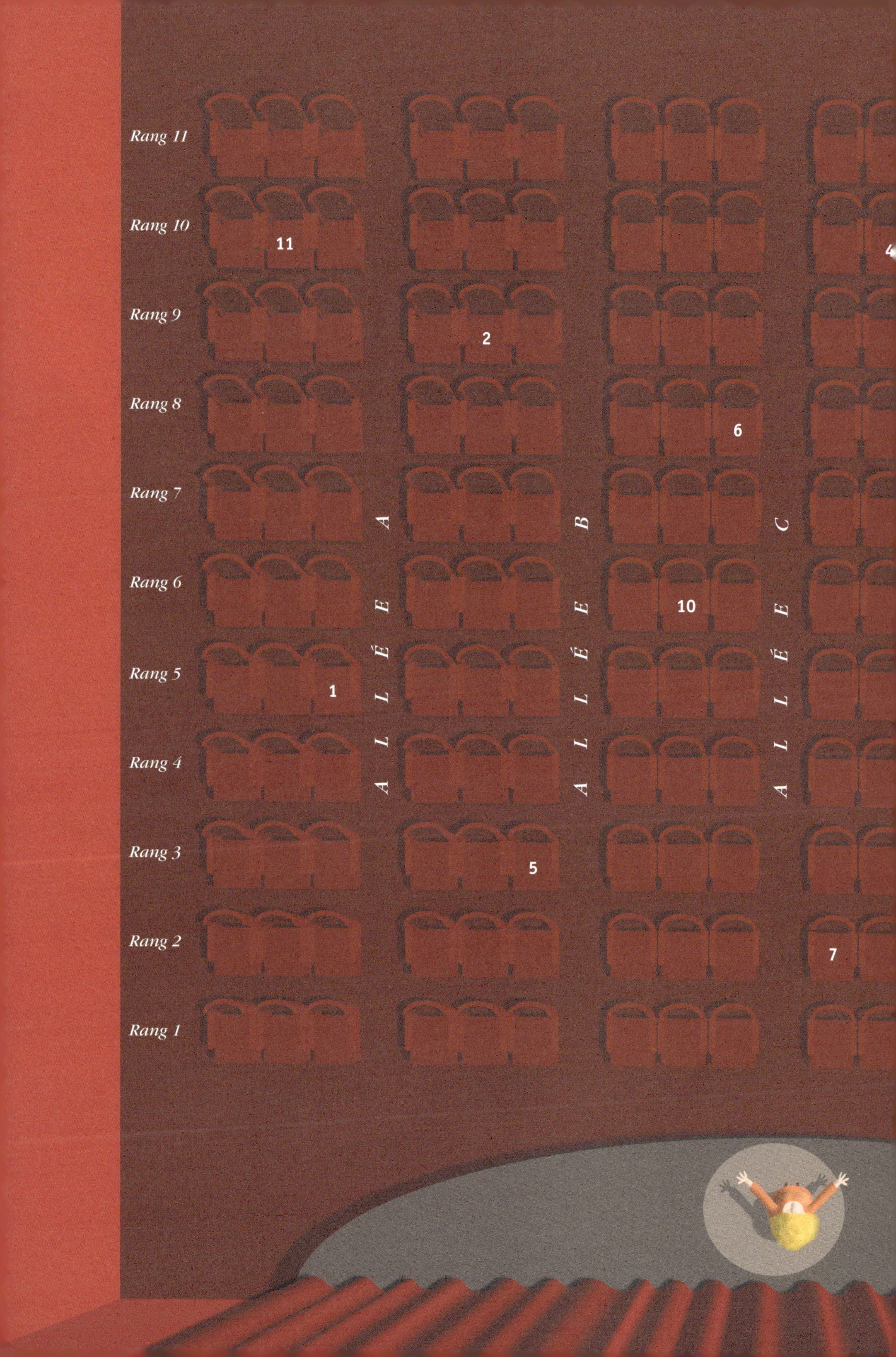
Rang 11
Rang 10
Rang 9
Rang 8
Rang 7
Rang 6
Rang 5
Rang 4
Rang 3
Rang 2
Rang 1
ALLÉE A
ALLÉE B
ALLÉE C
11
2
6
10
1
5
7

INDICE 5

L'interrogatoire de l'ouvreuse présente lors du concert de Barbara Stressante a permis de récolter des indices sur l'identité d'un innocent. Elle est sûre qu'un suspect n'a pas bougé au moment des faits. Suis les indications pas à pas pour trouver le numéro du fauteuil qui est identique à celui d'un innocent.

Pars du dernier rang dans l'allée F, en haut à droite.

- *Descends de 3 rangs et passe 2 allées plus loin.*
- *Descends de 6 rangs et passe à l'allée suivante.*
- *Remonte de 2 rangs et retourne 2 allées en arrière.*
- *Descends de 3 rangs et passe 3 allées plus loin.*
- *Remonte de 9 rangs et passe à l'allée suivante.*
- *Descends de 3 rangs et retourne 2 allées en arrière.*

Le suspect que tu recherches est dans le rang juste au-dessous.

INDICE 6

En observant la photo de la reconstitution, les grooms tentent de se souvenir dans quelle cabine ils ont aperçu un des suspects à l'heure du vol. D'après le compte rendu des interrogatoires, détermine le numéro de cette cabine. C'est le même que celui de la rue où habite ce passager. Il est innocent.

INDICE 7

Le cambrioleur a coupé le courant en sectionnant certains fils dans le boîtier central du paquebot. Retrouve-les et note les couleurs auxquelles ils sont normalement reliés. Elles sont identiques à celles des vêtements d'un innocent.

INDICE 8

Voici le plan de table des convives dans la salle du restaurant du *Pacific*. Lors de leurs dépositions, les suspects n'ont pas tous dit la vérité. Analyse les déclarations dans l'ordre et détermine le vrai du faux.
Pars de la dalle de moquette noire. Tu arriveras à un siège occupé par un innocent. Attention, tu ne peux jamais passer deux fois par la même dalle.

- Si un suspect dit la vérité, passe à la dalle bleue la plus proche de ta position.
- Si un suspect ment, passe à la dalle jaune la plus proche de ta position.

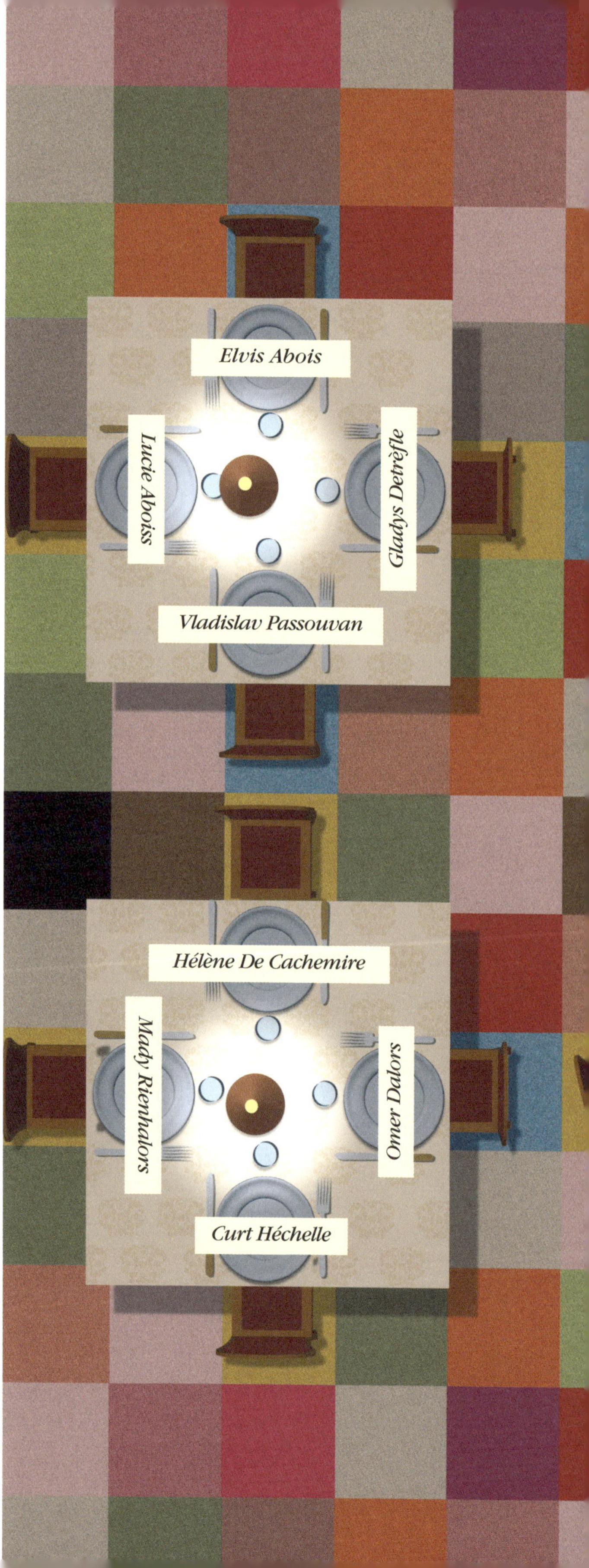

Antonin Dejardin :
« Je suis innocent. »
Gérard Manvussa :
« Je suis plus grand que Sally Comantiva. »
Gigi Retourne :
« Je suis plus jeune qu'Omer Dalors. »
Babette Dutout :
« Je porte un collier. »
Mady Rienhalors :
« Je suis innocente. »
Alex Blaise :
« Je déteste voyager. »
Gaétan Dechien :
« Je ne porte pas de cravate rouge. »
Vladislav Passouvan :
« Je suis innocent. »
Patty Épatata :
« Pour exercer mon métier, j'utilise souvent des ciseaux. »
Sally Comantiva :
« J'habite au bord de la mer. »

Alex Blaise
Clotaire Minus
Julie Palanglais
Patty Épatata
Sally Comantiva
Hercule Héchemise
Nicole Hobasque
Antonin Dejardin
Babette Dutout
Don Tonfrik
Sarah Porte
Gaétan Dechien
Gigi Retourne
Gérard Manvussa
Basile Déserte
Ruth Secondaire

INDICE 9

Ces pièces à conviction laissées par les suspects ont été retrouvées dans la salle du coffre-fort. Grâce à ce que tu sais d'eux, détermine lequel n'était pas présent sur les lieux du vol puisqu'il n'a pas laissé d'objet lui appartenant. Tu peux donc l'innocenter.

INDICE 10

Une caméra de surveillance a pu enregistrer les allées et venues dans le couloir menant à la salle du coffre avant le concert. Malheureusement mal positionnée, elle n'a filmé que les ombres des passagers. Compare-les avec les suspects et trouve celui qui n'est pas passé par là. C'est le dernier suspect de cette enquête que tu pourras innocenter.

IDENTIFICATION

Bravo !
Tous les indices récoltés t'ont permis d'innocenter un à un les suspects.
Tu peux maintenant démasquer le voleur du coffre-fort.
Pour vérifier si tu as arrêté le bon, place le livre face à un miroir…

Indice 1 : Antonin Dejardin (docteur). • Indice 2 : Patty Épatata • Indice 3 : Vladislav Passouvan (1 + 3 + 2 + 5 = 11) • Indice 4 : Babette Dutout (éventail) • Indice 5 : Sally Comantiva • Indice 6 : Omer Dalors (24) • Indice 7 : Mady Rienhalors (rouge, noir, rose) • Indice 8 : Gigi Retourne • Indice 9 : Alex Blaise • Indice 10 : Gaétan Dechien.
Le coupable est donc...

PAS VU PAS PRIX !
INSTAMATOC 140
CAMERA
Prontak
MADE IN PIPO REPUBLIK

INFO

UN JEU QUI NE FAIT PAS DE CADEAUX !

La série noire continue sur la chaîne CQQ. En effet, hier soir, au moment de récompenser le vainqueur du jeu *Pas vu pas prix !* impossible d'offrir les lots puisqu'ils avaient disparus. Dans un premier temps, les responsables de la production ont pensé qu'ils avaient été égarés mais ils ont dû très rapidement se rendre à l'évidence : ils ont été volés ! On ne connaît pas le montant du préjudice mais pour la chaîne, c'est un nouveau coup dur. L'enquête commence juste mais la piste privilégiée est celle d'un des candidats qui n'aurait pas accepté de perdre et de voir autant de cadeaux lui échapper. En revanche, nul doute qu'avec les indices qu'il a laissés, le coupable, lui, ne s'échappera pas bien longtemps.

Il s'introduit dans un appartement et vole une dinde dans le congélateur

Mardi dernier, vers 23 heure
homme fait irruption dans l
partement d'une famille et
pare de la dinde qui se tro
dans le congélateur famili
Ce vol spectaculaire s'est
sous les yeux ahuris des
res, une mère et ses deu
La police a cependant d
qu'ils n'auraient subi a
agression physique ou
La mère aurait par ail
affirmé connaître le
police recherche un
viron 1 mètre 80, c
pesant approximat
kilos.

Deux vo se grim marqu indéléb

Deux jeune l'idée de se tre indéléb pas être re

David Vince
Sam Harang
de pénétre
vendredi
de leur te
prévenu
C'est lor
deux s
ont pu
le vis
lébile
tém-
me
inc

Elle fait fuir un voleur en imitant un chien

Une femme a utilisé une tactique bien particulière : faire le chien. L'homme a pris la fuite.

Samedi 24 octobre vers 23 heures : de chez elle, une femme a remarqué qu'un homme d'allure suspect essayait de forcer sa porte d'entrée. Elle est alors descendue au rez-de-chaussée puis s'est mise à gratter la porte et à imiter les bruits produits par un gros chien, a-t-elle expliqué à la police. L'idée, originale, a porté ses fruits car l'homme a aussitôt pris la fuite.

Samedi 24 octobre vers 23 heures : de chez elle, une femme a remarqué un homme d'allure suspect essayait de forcer sa porte ... descendue

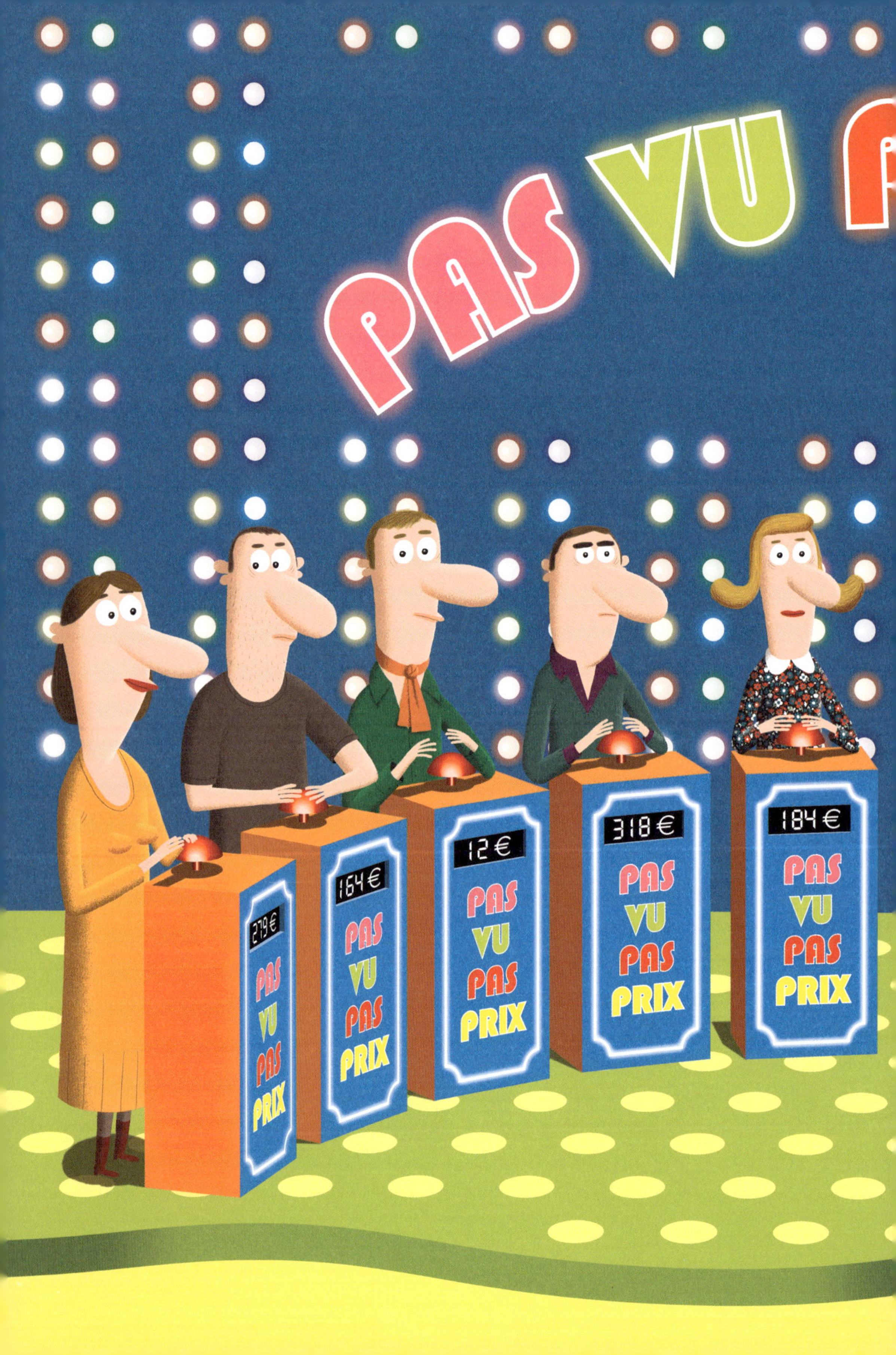
PAS VU P
279€
PAS VU PAS PRIX
164€
PAS VU PAS PRIX
12€
PAS VU PAS PRIX
318€
PAS VU PAS PRIX
184€
PAS VU PAS PRIX

AS PRIX !
172 €
PAS VU PAS PRIX
51 €
PAS VU PAS PRIX
234 €
PAS VU PAS PRIX
76 €
PAS VU PAS PRIX
21 €
PAS VU PAS PRIX

LES SUSPECTS

Al GÈBRE
53 ans
1,63 m
Chauffeur de taxi
11 rue Dessecourt
PARIS

①

Roméo FRIGOSKETAPRI
41 ans
1,75 m
Conducteur de bus
10 allée Avance
BORDEAUX

②

Clara HOQUET
46 ans
1,72 m
Agent d'asurance
9 rue Lemapoule
ARRAS

③

Honoré PADUFAIRSAT
42 ans
1,77 m
Cuisinier
7 cours Bouillon
ROUBAIX

⑤

Jenny LANVI-NILÉMOILLINS
32 ans
1,74 m
Institutrice
14 cours Decalcul
PERPIGNAN

④

Xavier KAHÉCOUTER
45 ans
1,80 m
Garagiste
13 impasse Moilaclédedouze
VALENCE
6
Lucien HASSAMÉMÈRE
66 ans
1,67 m
Tapissier
15 rue Lucas Napé
BREST
7
Farid COMPLÈTE
58 ans
1,78 m
Ambulancier
8 rue Danlébrancart
PAU
8
Ed REDON
49 ans
1,78 m
Pharmacien
12 rue Medéfoin
AVIGNON
9
Éléonore MOINLECART
34 ans
1,73 m
Hôtesse d'accueil
16 allée Voufairvoir
PONTARLIER
10

INDICE 1

Voici le décor du jeu télévisé « *Pas vu pas prix !* » tel qu'il a été filmé avant le vol. Note la première lettre de chacun des objets et classe-les en allant du prix le plus cher au moins coûteux. Tu obtiendras le nom d'un indice très utile pour le métier d'un innocent.

INDICE 2

Un des spots publicitaires diffusés pendant le jeu « *Pas vu pas prix !* » cache un indice précieux. Tous les éléments présents à l'image ont des noms qui ont deux lettres en commun. Retrouve-les car elles sont contenues dans le prénom d'un suspect qui n'a rien fait.

INDICE 3

Plusieurs témoins oculaires ont vu l'auteur des faits s'enfuir en courant. Leurs différentes dépositions, très contradictoires, ont permis de réaliser un portrait-robot mais… à l'envers. En effet, un seul suspect n'a aucun point commun avec cette image car il n'était pas sur les lieux au moment des faits. Trouve-le pour l'innocenter.

INDICE 4

Lors de l'enregistrement, Tex Plozlodimate, l'animateur du jeu, a annoncé le grand gagnant. Retrouve le candidat qui a gagné le plus d'argent pour l'innocenter.

INDICE 5

Lors de l'enregistrement de l'émission, les pupitres affichant les gains des candidats ne fonctionnaient pas très bien. Retrouve le montant qui devrait être indiqué sur le cinquième pupitre grâce à la logique des montants précédents inscrits sur les pupitres.

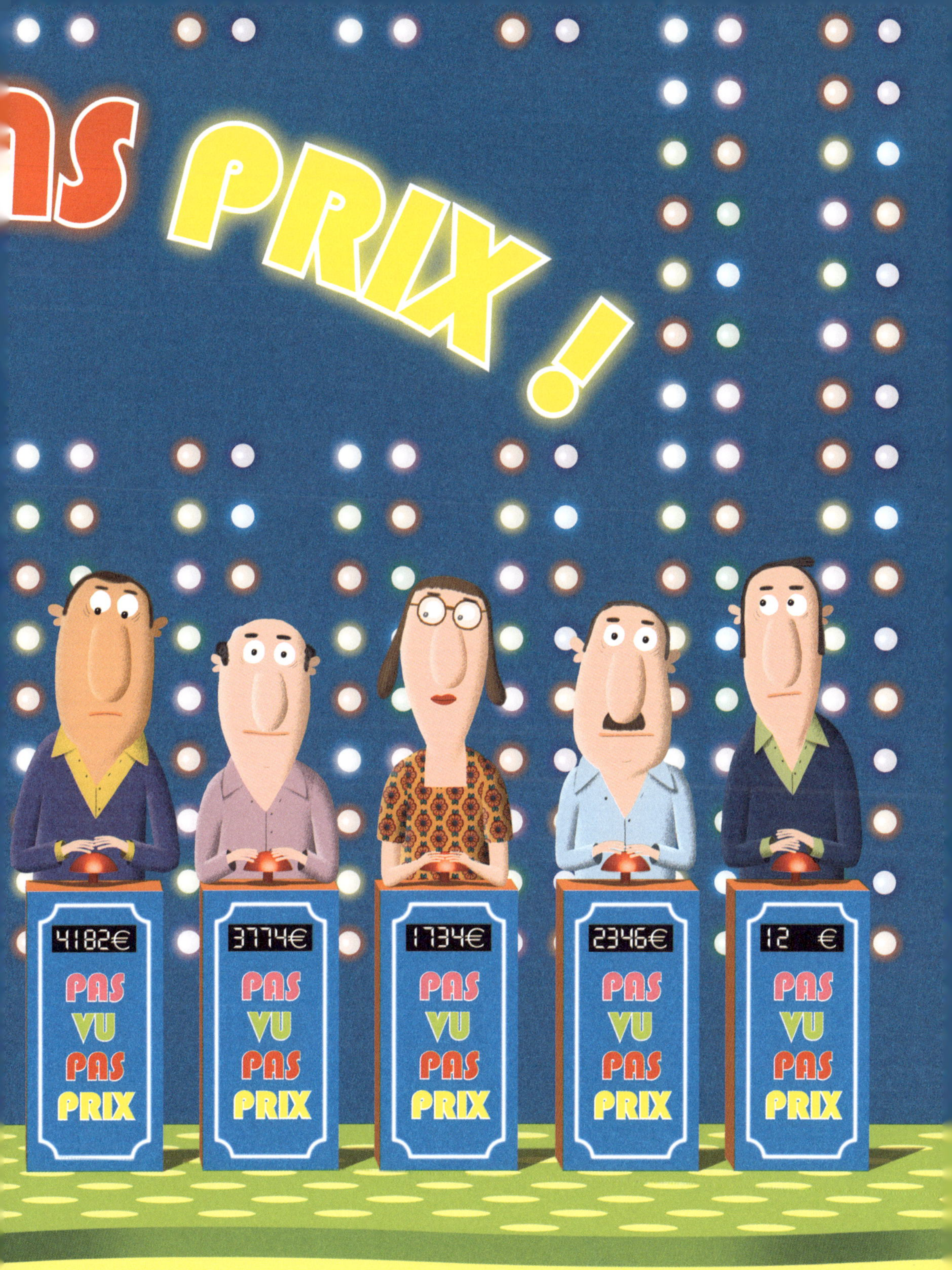

Procède de la même façon pour retrouver les chiffres manquants sur le dernier pupitre.
En additionnant les deux montants que tu auras trouvés, tu obtiendras l'âge d'un innocent.

INDICE 6

Tous les éléments du décor sont des pièces à conviction. C'est pourquoi un des panneaux électriques a été démonté pour examiner les branchements des ampoules. Un « pôle + » doit être relié à un autre « pôle + » et un « pôle - » à un « pôle - ». Or, plusieurs ampoules sont mal reliées entre elles. Retrouve-les car en additionnant leurs numéros, tu obtiendras la taille en centimètres d'un innocent.

INDICE 7

Voici les ampoules de rechange qui devaient être utilisées pour le décor du jeu.
Une seule d'entre elles est orientée dans une direction différente des autres. Retrouve-la pour identifier la couleur d'un vêtement que porte un innocent.

PAS VU PAS PRIX !

INDICE 8

Une reconstitution de l'enregistrement de l'émission a été organisée. Sur le tableau d'une des épreuves, horizontalement et verticalement, il n'y a que des mots ayant un rapport avec l'univers de la télévision. Repère-les tous et compte le nombre de lettres inutiles. Il correspond au numéro de la rue où habite un innocent.

INDICE 9

Un des décorateurs doit fixer les lettres qui composent le titre du jeu « *Pas vu pas prix !* » posées sur le sol. Mais les trous de fixation de certaines lettres ne correspondent pas à ceux faits dans la cloison bleue. Retrouve-les car elles sont contenues dans le nom de la ville où habite un innocent.

Bravo !

Tous les indices récoltés t'ont permis d'innocenter un à un les suspects.
Tu peux maintenant démasquer le coupable du vol.
Pour vérifier si as arrêté le bon, place le livre face à un miroir…

Indice 1 : Honoré Padufairsat (C, R, S, E, L, O, E, S, A = casserole). • Indice 2 : Clara Hoquet (C, A : canapé, vache, cheval, toucan, chat, pélican). • Indice 3 : Éléonore Moinlecart. • Indice 4 : Jenny Lanvi-Nilèmoillins : 654 euros (Clara : 327 euros, Xavier : 358 euros, Éléonore : 611 euros, Farid : 284 euros, Honoré : 653 euros, Lucien : 568 euros, Roméo : 642 euros, Al : 321 euros, Ed : 605 euros). • Indice 5 : Farid Complète. • Indice 6 : Al Gèbre (6 + 15 + 10 + 23 + 34 + 30 + 13 + 32 = 163). • Indice 7 : Lucien Hassamémère (ampoule bleu claire). • Indice 8 : Xavier Kahécouter (13 lettres : L, M, A, R, B, P, N, U, D, P, L, T, C). • Indice 9 : Ed Redon (V, A, I).
Le coupable est donc...

CARNET DE L'ENQUÊTEUR

SAKOUTH
BIENVENUE DANS VOTRE MAGASIN
CONFITURE
EAU
SARDINES
POIVRE
CAFÉ
YAOURT
JAMBON
PILES
BANANES
MOUTARDE
PIZZA
PÂTES
LAIT
Football Club

miam
CARTE DE FIDÉLITÉ
NICOLAS
ON

Numéros des t
4936
2450
9361
9375
2956
09.40
Garatoy
Viredelat
Balépate
Tulvaubien
Afonlaques
Sagaze
PRONTO
AIRLINES
NOM DU PASSAGER